東海大流 勝利の柔道メソッド

東海大学男子柔道部監督
上水研一朗

世界レベルの選手を多数輩出する指導者が教える
試合運びを**劇的に変える**
考え方と技術の身につけ方

もくじ

複雑進化への挑戦 ... 6
対談　強い選手を育成するために ... 10

第1章　6区画理論の基礎知識と自己分析

柔道に必要な練習の分析 ... 22
対人競技である柔道と6区画理論 ... 24
組手で重要な釣手手首の4パターンを知ろう ... 26
引手の重要性 ... 28
ボックスの作り方と壊し方 ... 30
組手の基本　相四つ（力勝負）とケンカ四つ（技術勝負） ... 32
6区画の分類 ... 34
6区画の対策　相四つ編（A〜C区画） ... 36
6区画の対策　ケンカ四つ編（D〜F区画） ... 38
自己分析をしてみよう！ ... 40
章末コラム　第1章まとめ ... 42

第2章　シチュエーションへの準備

- 『孫子の兵法』の応用 …………………………………… 44
- 現代柔道に必要な三本の軸（技術、接点の強さ、粘り）……………… 46
- 想定訓練の重要性 …………………………………… 48
- 基礎技術の固め方 …………………………………… 50
- ビッグ6とスモール4 …………………………………… 52
- 打込の重要性 …………………………………… 54
- 矛盾の関係性（攻めと受け）…………………………………… 56
- 打込はビッグ6を選択して強化する …………………………………… 58
- 慣れから洗練へ …………………………………… 60
- 『慣れ』のための打込　大内刈 …………………………………… 62
- 『慣れ』のための打込　背負投 …………………………………… 64
- 『慣れ』のための打込　内股 …………………………………… 66
- 『慣れ』のための打込　大外刈 …………………………………… 68
- 『洗練』のための打込　大内刈（相四つ・ケンカ四つ）…………………………………… 70
- 『洗練』のための打込　背負投（相四つ・ケンカ四つ）…………………………………… 72
- 『洗練』のための打込　内股（相四つ・ケンカ四つ）…………………………………… 74
- 『洗練』のための打込　大外刈（相四つ・ケンカ四つ）…………………………………… 76
- 洗練から強化へ …………………………………… 78
- 『強化』のための打込　大内刈（相四つ・ケンカ四つ）…………………………………… 80
- 『強化』のための打込　背負投（相四つ・ケンカ四つ）…………………………………… 82
- 『強化』のための打込　内股（相四つ・ケンカ四つ）…………………………………… 84
- 『強化』のための打込　大外刈（相四つ・ケンカ四つ）…………………………………… 86
- 掛けきりと受けきり …………………………………… 88
- 章末コラム 第2章まとめ …………………………………… 90

第3章　シチュエーションメソッド
　　　　組手争いの場面を切り取る

シチュエーションは無限	92
不得手の克服を考える	94
応用技術への発展	96
試合場面の切り取り（想像力と分析力）	98
組手の対応 1　ケンカ四つ釣手片手攻防　上から（長澤型）	100
組手の対応 2　ケンカ四つ釣手片手攻防　下から（長澤型）	102
組手の対応 3　ケンカ四つ釣手両手攻防　上から	104
組手の対応 4　ケンカ四つ釣手両手攻防　下から	106
組手の対応 5　ケンカ四つ釣手片手ずらし攻防（ウルフ型）	108
組手の対応 6　ケンカ四つ釣手圧力から引手の取り方（永瀬型）	110
組手の対応 7　相四つ袖引手切られない攻防（片手）	112
組手の対応 8　相四つ袖引手切られない攻防（両手）	114
組手の対応 9　相四つ襟引手持ち合う攻防	116
組手の対応 10　相四つ両者袖引手持ち合う攻防	118
組手の対応 11　相四つ釣手引き寄せ・顎乗せ攻防（阪本型）	120
組手の対応 12　相四つ引手持ち釣手・手繰り攻防（ベイカー型）	122
組手の対応 13　相四つ釣手持ち・動かす攻防（片手・秋本型）	124
組手の対応 14　相四つ釣手持ち・動かす攻防（両手・秋本型）	126
組手の対応 15　相四つ両者胸突き釣手攻防（山下型）	128
章末コラム　第3章まとめ	130

第4章　シチュエーションメソッド
　　　　立技からもつれた場面を切り取る

無秩序の中の秩序を作る	132
柔道版戦術的ピリオダイゼーショントレーニング（部分稽古）	134
立技からもつれた場面を切り取る	136
足抜き（基本）	138

- 足抜き（応用〜立技からの移行） 140
- 脇掬い（基本） 142
- 脇掬い（応用〜立技からの移行） 144
- 胸合わせ（基本） 146
- 胸合わせ（応用〜立技からの移行） 148
- 相四つ腹ばい（支釣込足からの移行） 150
- 相四つ腹ばい（払腰潰してからの移行） 152
- 相四つ腹ばい（背負投受けてからの移行） 154
- ケンカ四つ腹ばい（大腰・内股からの移行） 156
- ケンカ四つ腹ばい（内股潰してからの移行） 158
- ケンカ四つ腹ばい（小外刈→内股切り返してからの移行） 160
- 巴投・引き込み（潰してからの移行） 162
- 章末コラム 第4章まとめ 164

第5章　シチュエーションメソッド
試合場所・展開別の場面を切り取る

- 3つの基本シチュエーション（場所・ポイント差・試合時間） 166
- 相手の心理状態を探る（洞察力を磨け） 168
- 対の法則の応用（投げ→反則、反則→投げ） 170
- 場外際に追い込んだ場面　コーナーでの攻撃 172
- リードした場面　相四つ・ケンカ四つにおいて相手の技に対応できる体勢の構築（受けの安全性） 174
- リードされた場面1　相四つ・ケンカ四つにおいて、無理をしながらも攻める体勢の構築 176
- リードされた場面2　ケンカ四つでの奇襲攻撃（隅返） 178
- リードされた場面3　ケンカ四つでの奇襲攻撃（肩車） 180
- リードされた場面4　ケンカ四つでの奇襲攻撃（一本背負投） 182
- リードされた場面5　相四つでの奇襲攻撃（大内刈） 184
- リードされた場面6　相四つでの奇襲攻撃（小内巻込） 186
- リードされた場面7　相四つでの奇襲攻撃（帯取返） 188

複雑進化への挑戦

東海大学男子柔道部監督　上水研一朗

1. 究極の質

　2008年1月、私が東海大学男子柔道部の監督に就任する際、部員たちの前で誓ったことのひとつに、『3時間以上は練習しない』というものがありました。これは、その当時の柔道界ではかなり思い切った宣言であり、私自身にかなりのプレッシャーがかかったことは事実です。しかしながら、私は思い付きや人気取りのために宣言したわけではありませんでした。世界各国に普及し、多様化した現代柔道の中で、いかに勝てる選手を育成していくか考えに考え抜いた末に行き着いた答えでした。まずは練習内容の中身を徹底的に洗い直して、何が必要か、何を追求すべきかという質の部分を強化し、その質の積み重ねを絶対量とするという方針を採ったのです。

　日本人の民族性として、『効率良く』という言葉を『楽をする』と捉える傾向があります。しかし、1日24時間、1年365日と限られた時間の中で『結果を求めて』成長していくためには、効率は悪いより良い方が良いと常に考えています。その効率を求めながら、学生自身の限られたエネルギーを全力で注いでいくことで、彼らの夢や目標を実現させる可能性を高めようとしました。

　この誓いはいまだに守られていますが、そもそも人間というのは疲れを覚える生き物ですから、長時間の練習では、集中力が続かなくなります。集中力が続かなくなれば、当然、練習そのものが惰性で行われることになり、考えることもなくなってしまうでしょう。結果的に、いくら練習をしたところで、技術も身につかなければ向上心や探求心も削がれてしまうという負の連鎖が起こることになり、意味を見つけることが難しい時間を過ごすことになってしまいます。それは当然、苦痛を伴いますから、罰ゲームをやらされているような感覚にも陥り、結果として練習に出てくることそのものが嫌になってしまう可能性すらあると思われます。そのサイクルを防ぐために濃密な意味のある練習を行おうとすれば、必然的に効率を求めなくてはならなくなるのです。

2. 武道の顔とスポーツの顔

　ここで少し話題が逸れますが、私は柔道には2つの顔が存在していると考えています。ひとつは武道としての顔。もうひとつはスポーツとしての顔です。武道の

　起源は言葉は乱暴ですが『殺し合い』に行き着きます。そのため、当然、厳しさ、苦しさを求める傾向になります。対するスポーツの起源は、『遊び』に行き着きます。となると、楽しさ、喜びを求める傾向にあります。この相反する顔が柔道に存在しているため、共有できる部分とできない部分が発生してくると考えています。厳しさと楽しさ、どちらを求めたいか、それは人それぞれの考え方次第であると言えます。

　本書を手にしている皆さんは、学校のクラブ活動や所属クラブ、道場などで柔道を習っていることでしょう。柔道を始めたきっかけが、親から勧められて『礼儀正しい人になるため』という理由だった場合、それは武道における人間性や精神・心を鍛練するという部分に当てはまります。また、オリンピックで金メダルを取りたいと思って始めた人は、競技スポーツとしての柔道に魅力を感じたことになります。この2つの顔を持っていることこそ、柔道の魅力であり、私自身も、未熟ながら武道と競技スポーツという両方の柔道を日々追い求めています。その中で、いかに共通点を見つけ、両面を伸ばしていくかが、課題として突きつけられているのが現状です。

　本編で詳しく触れますが、柔道の生みの親である嘉納治五郎が柔術を学ぼうとしたきっかけは『小さい者でも大きい者に勝てる技術を身につけたい』と思ったからと言われています。そうなると元来柔道は、技術を身につけたいという発想から生まれたものであり、人間教育にも適しているという考え方は、そこから派生したものになります。

3. 意味のある無駄

　さて、ここで話を元に戻しましょう。冒頭私は練習に質の高さ、効率を求めているというお話をさせていただきました。そのため、できるだけ無駄のないように考えていますが、どんなに考えても無駄は派生すると言えます。ただし、その無駄が突き詰めて発生したものか、ただ漠然として発生したものかでは、大きな違いが生まれてくると考えています。

　たとえば第2章で詳しく解説していますが、皆さんも行っている『打込』ひとつとっても、改善すべき点は多くあると思っています。それは本学に所属する代表レベルの選手にすら言えることなので、きっと多くの選手がただ単に漠然とした『打込』練習をしている可能性があります。私は打込を『慣れのための打込』『洗練のための打込』『強化のための打込』と大きく三段階に分けていますが、高校生や大学生のレベルの高い選手ですら初歩的な『慣れのための打込』のみを行っているケースが見受けられます。『その技に慣れなければいけないレベル』を通り越しているにもかかわらず、『慣れのための打込』練習をやっている時間は、漠然とした無駄な時間、無駄な練習となるのではないでしょうか？

4. 技術の進歩が喜び

　本書は大変恐縮ながら『東海大流　柔道勝利のメソッド』というタイトルが付けられました。メソッドとは『（目的を達成するための）やり方。方法。方式』などと訳されますので、『柔道で勝利するための方法が書かれている書籍』というコンセプトとなります。柔道には心・技・体という言葉がありますが、ここで最も大切にしているのは『技』の部分になります。それは、どんなに『体力』『精神力』が強くても、それを柔道競技で発揮する場合、『技術力』を無視するわけにはいかないからです。たとえば試合が延長になり、体力も限界に近付いている、精も根も尽き果てた、という状況であれば、より精神力の強かったものが有利になることはあるでしょう。しかし、組手の技術がなければ相手に組み負け、自分の組手が作れなければ、不利な状況が多くなり、体力、精神力を活かす場面も少なくなるでしょう。また、ポイントでリードされ残り時間が少ない状況になったとき、奇襲で投げる技術がなければ、闇雲に前に出るだけになってしまい、より状況は悪化するでしょう。

　私はその技術的課題（戦術的課題もあります）の克服のために、さまざまなシチュエーションを想定し、ひとつの目的に特化した練習（私たちは部分稽古と呼んでいます）を行うようにしています。一例として、特定のタイプ（相四つで自分より背の大きい相手）にどうしても組手争いで勝てない、という問題があったとします。その問題を解決するため、苦手選手と組手争いのみ切り取った練習を行う、という方法です。この方法では、克服するための必要なことを考え、チャレンジ

してみたりしながら、選手自身が課題に向き合い答えを見つけることで、自身の技術の進歩、成長を実感できるというメリットが生まれます。そうなれば練習が楽しい時間にもなりますし、その1つひとつを日々積み重ねていくことで、多くの技術が身につき、必然的により勝利に近づけるようになると信じています。

　本書を監修するにあたり、2点留意点があります。1点目は冒頭にも記しましたが、楽をするために効率を求めるわけではないことです。費やした時間の分だけ自分がより成長することをあくまでも目的としている。この点を誤解しないようにしてください。

　もう1点は、柔道は日々進化しているということです。進化には2つの意味があり、ひとつは競技スポーツの宿命である『ルール変更』があります。スポーツである以上、ルールに則って試合をしなくてはいけませんから、当然、ルール変更になった際は、その変更に対応した技術を身につける必要があります。

　もうひとつの進化は、相手も自分も日々変わっている、ということです。以前、試合で勝った相手であっても、その相手は練習を積み、より強く変化し、次に対戦するときには、対策を練ってくるはずです。試合は生き物であり、常に変化している。であるならば、自分自身も進化し続け、相手の上を行く。そういった覚悟が必要になってきます。

　我々は、『複雑進化への挑戦』をテーマに、日々練習に取り組んでいます。昨日までの方法は、今日にはもう古くなっているかもしれない、そう言い聞かせながら常に複雑に進化していくことで、変化に対応できる柔道を確立することができると考えています。章内には度々、重複して強調している箇所がありますが、それは特に重要な部分として捉えてください。

　本書を手に取った皆さんの少しでもお力になれるよう、本書を監修しました。ご参照いただけますと幸甚です。

対談 強い選手を育成するために

リオデジャネイロオリンピック
柔道女子70kg級金メダリスト

東海大学男子柔道部監督

田知本遥 VS 上水研一朗

東海大学男子柔道部の強さとは、いったいどこから来るものなのか。監督である上水研一朗氏に指導を仰ぎ、リオデジャネイロオリンピックの柔道女子70kg級で見事金メダルを獲得した田知本遥氏を迎え、上水氏の掲げる柔道理論や指導法など、強い選手を育成する秘訣を語り合ってもらった。

どうなったら悪くなる？悪いときにどうする

— そもそものお２人の接点からお聞かせください。

田知本氏 東海大学に在学中、1年生、2年生のときに、全日本学生柔道優勝大会で、2年連続もう一歩のところで優勝できない（2位）ということが続いたのですが、一方で男子は優勝していました。そのとき、私の中で『何でだろう？』という思いが湧いてきたのです。そこで、当時は上水先生と今のような深い関わりはなかったのですが、ある日、ふと先生の研究室を訪ねたんです。

上水氏 相談に来たときのインパクトは強かったですね。この子は本当に勝ちたいんだなと。勝ちたいと簡単に口にする選手はたくさんいますが、心底勝ちたいと思っている選手は、実はそれほど多くない。男子でもそうです。でも彼女は心底勝ちたかったんです。

田知本氏 それがすべての始まり、第一の人生のターニングポイントです。

上水氏 遥が入学したのが2009年で、女子は2009、2010年と連続2位で優勝を逃していましたから。一方男子は2008年から2010年まで3連覇。私から見て、女子も優勝する力はあったと思うけど、『何で勝てないんだろう？』ということを率直に聞きに来たんだと思います。

田知本氏 私個人というより、女子柔道部全体として何が足りないのかが疑問でした。試合に向けて、追い込み練習や先輩がリーダーシップを発揮して、その時々の『最大限』をやっているはずなのに、いつも僅差で優勝にあと一歩届かない。しかもそれほど難しくないと思われる相手にです。

上水氏 遥が知りたかったのは、接戦での勝ち方、大事なときに何をするか、と言うことだったんだと思うんですね。試合は生き物なので、局面局面でさまざまに変わるもの。それでも男子は競り合いが続く中で、統一されたように試合が流れていくことが不思議だったんだと思います。そこで『どうやったらよくなるのか』ではなく、『どうなったら悪くなるか。悪いときにどうするか』という準備の仕方を教えました。人間は、何かに陥ってしまったとき、悪い方に行ってしまったときに混乱して、頭が真っ白になり、何をしていいか分からなくなる。そのときの準備をしておけば、落ち着いて対処できるということを伝えたのです。

田知本氏 先生にこの話をしていただいたときは、女子にないものが男子にはあったんだという、ハッと気付かされることがあったんですけど、いま思えば、真意のほんの入り口に触れた程度にしか理解できていなかったと思いますね。それくらい先生のおっしゃることは奥が深いので。

執念とは？

上水氏 そのときは練習方法も含めて教えました。たとえば『執念』という言葉がありますけど、執念というと、誰もが気持ちの強さを思い浮かべます。しかし、

私はそう思わない。執念とは最後まで諦めない気持ち。つまり、何をやってきて、どういった引き出しがあるかが問われる。たとえば追い込まれたとき『あの方法が残っている。この方法もまだある』といった具合に、希望を持ち続けられるかどうかが重要なんです。逆にどれだけ気持ちが強くても、打つ手がなければ絶望しかありません。これらを素通りして『執念だ。最後まであきらめるな』と言ったところで『何をしていいか分からない、打つ手も尽きた』となれば、ただの気持ちの無駄遣いにしかならない。最後まで『打つ手』の武器を持っていて初めて、執念を見せられるわけです。ですから、最悪のシチュエーションを想定し、

そのときにいくつもの手段を作っておくこと。それが結局は自分を助けてくれる。メンタルというのは、その準備からしか起こらない、というのが持論なんです。

メンタルトレーニング

田知本氏 そうですね。そのとき先生は形だけのメンタルトレーニングはあまり好きではないとおっしゃっていました。また『練習量で安心するな』とも言われましたね。それまで私は、練習『量』で安心していたところがあったんですが、何をやったかと聞かれても答えられず、結局、質がなかった。先生がおっしゃったように、質を求める練習をしていくと、必然的にメンタルの支えにもなる。最悪を想定した準備をすることで、自分の中で『これもやった、あれもやった』という風に思え、自信を持って畳に上がれるということを実感しました。メンタルトレーニングを取り入れようと思っていたところだったので、メンタルトレーニングの新たな在り方を知ることになりました。

上水氏 そう、メンタルを鍛えるには、それに特化したトレーニングが必ずしも必要ではないということ。最悪のことを想定して練習し準備するわけだから、それ自体がメンタルトレーニングでしょう。

田知本氏 先生にこのようにいろいろ教えていただいたのですが、教わったことをチームに還元できたかと言えば、当時は正直、還元できていませんでした。いちばん変化があったのは大学を卒業して社会人になり、自分で練習メニューを組めるようになってからですね。東海大学を

卒業後、社会人になってから本当に勝てなくなりまして。2014年頃、柔道を辞めたいと思っていた時期があったんです。このとき上水先生を訪ね、当時は乱取などの実践稽古だけ男子と練習していたんですが、『お前が本気でもう一度上を目指したいというなら、最初のウォーミングアップから最後のストレッチまで男子と一緒にやりなさい。本気なら見てあげるから』と言ってくれたんです。このときが自分の中で、覚悟を決めたときであり、第二の人生のターニングポイントだったと思いますね。この頃、イギリス留学の話があり、悩んでいたのですが、先生に背中を押してもらいました。向こうは練習量が少ないイメージもあり、柔道は日本がいちばん強いと思っていたので、現役中に何週間も海外に行くことを不安に思っていたのですが、不安になることもプラスになる、と。

上水氏 彼女の柔道には好感を持っていたんです。遥は闘志あふれる試合をしますし、全力を出そうとする姿勢がすごく良く見えるからです。ただ、試合を見ていると、彼女のひたむきな真面目さというものが、逆に仇となることがある。真面目だけに発想がないんですね。困ったら困ったままの試合になってしまう。『打つ手が尽きた』状態ですね。その状態でがむしゃらにやるだけになってしまうんです。それこそ、気持ちだけで『行っちゃえ！』みたいな。それは具体的な解決になっていません。試合を落とすときは、たいていそのような状態でしたね。

パズルのピース

田知本氏 上水先生は具体的なことまで教えてくださるので、この頃には、すでに全幅の信頼を寄せるようになっていたと思います。同時に、最初から最後まで男子と一緒に練習をするようになってからは特に、細かい反復練習なども一緒にさせてもらい、それらを毎日積み重ねていくうちに、自分自身に足りなかったことに気付けたり、それが大切なんだと体で実感したり。試合でもそつのない柔道ができるようになったと言われるようになりました。立ち技から寝技に移行する部分などの細かな部分ですね。自分の柔道をパズルに例えると、それまでは四隅はピースが埋まっているけれど、完全には埋まっていない状態だったと思うんです。しかし、先生の指導を受けるようになってからは、埋まっていない部分のピースをひとつずつ埋めていけたという感じでしょうか。立ちからの移行などの部分稽古を突き詰めた結果、自分の柔道を完成に持っていけた、というイメージですね。

上水氏と研究を重ねた対策法や練習法などを書き連ねていた実際のノート

— 先生に教わったことをノートにしていたとおうかがいしましたが。

田知本氏 はい。練習時間以外の時間に先生を訪ね、それまでの試合のビデオを見てもらいながら「この相手のときはどうすればいいか」というようなことを聞いて、それらをすべて箇条書きにしてノートに書いて、それを練習に活かしていくような感じですね。先生は本当に発想がすごいので、「こうすればいいのに」と言うことが、私がずっと悩んでいた答えだったりするんです。

成功体験

上水氏 箇条書きにしていったというのは、基礎技術の形成ですね。基礎技術と言っても、本当の基礎ということではなく、持っているものをどこで使うかと言う、つながりに欠ける部分が彼女にはあったんですね。それまでは彼女の試合は粗かったわけです。その理由は、つなぎ方を知らなかったこと。実は2012年のロンドンオリンピック前も、釣手の使い方を指導したことがあるんです。彼女はずっと、下から持とう、下から持とうと、頑なにやっていたんですが、それを相手に見透かされて釣手を上から押さえられていた。なので下からだけではなく、こういうやり方もあるぞと、上からの押さえ方を教えてあげたんです。遥がすごいのは、普通はそれを覚えるのに一年近くかかると思うんですが、彼女はそれを半年で覚えてしまった。そして2012年のグランドスラム（パリ大会）では、それまでどうしても勝てなかった当時の国内のライバルに、覚えた組手を駆使して

2012年グランドスラム・パリ大会でデコス選手と戦う田知本氏　　　写真：AP/アフロ

勝ち、その勢いのまま、当時は誰も勝てなかったフランスのデコス選手にも決勝で勝ったんです。

田知本氏 そう、私が上水先生を信じられたいちばんの要因は、やはり成功体験だと思います。ロンドンのときのライバル選手に、先生に教わったことをつきつめて試合でやったら勝てたことがあって、そこで自信がつきましたし。そういう経験があったからこそですね。それは自分にはない発想でしたし、興味の持てる発想でもありました。私には得意技が2つあるんですが、それがはまったときは勝てるけど、はまらなかったときの結び方というところで、自分の技の前後に小出しで出せる技であったり、相手の技を受けた後に自分の技に結び付ける方法だったりするような、決して大きなことではなく、ちょっとした工夫だったり発想だったりが、自分の柔道に枝葉を付けてくれた気がします。

枝葉をつける

上水氏 元々持っていたものに付け加えていく、応用していくのであれば、それほど大変なことではなく、気が楽ですしストレスがかからないんです。

田知本氏 ひとつ具体例を挙げるなら、受けからのめくりですね。男子の練習にそういう反復稽古が毎回ありましたし、自分もそれが面白いと思ってやっていて。それまでの私は受けたら受けたで終わりだったんですが、一連の流れの中でポイントが取れたんです。

上水氏 受けただけだったのが、それを離さずにそのまま継続して技を掛ける。そこに目に見える動きとしては、大きな変化はありません。

田知本氏 ただ、試合になると、そういうことができるとできないとでは、ものすごく差が出ます。ちょっとしたことなのに、大事な場面でポイントにもなりますし。肉体的な部分でも、男子と打ち込みをやったり、反復稽古も男子相手で、それが結果的にトレーニングになっていて、柔道力、受けの強さだったりがアップしたと思います。

― 他にも上水先生を信頼できた要因はありますか？

対談　強い選手を育成するために

田知本氏　先生の指導というか、先生に「こうだよな」と上手くいかない部分を指摘されたとき、それは自分でも思っていることが多いんです。なので、「そうなんです」と答えるわけですが、「だからこうした方がいい」と、的確なアドバイスをくれるんです。それが私にはない発想で、しかも自分でもどうしたらいいのか分からないことが多いので、その次の言葉を常に求めていた、ということもありますね。

上水氏　まず観察して、その結果の確認です。本人は気付いていなかったかもしれませんが、力のある選手というのはマークされるんですよ。マークされると、相手は普通、力を発揮させないようにしようとするんですが、遥はそこまで考えが至ってなかったんですね。本人は一生懸命やれば勝てると信じていた。でも、相手はそうはさせないんです。相手の気持ちを、あまり考えていなかったんです。

田知本氏　（笑）。

想定練習

ーリオデジャネイロオリンピック前に行ったことは？

田知本氏　1分40[※1]は男子との練習の場で

※1　30秒攻め→40秒受け→30秒攻めを連続して行う、東海大学男子柔道部特有の練習の名称。受けのときは相手が変わり、疲れていない選手に攻めてもらう。

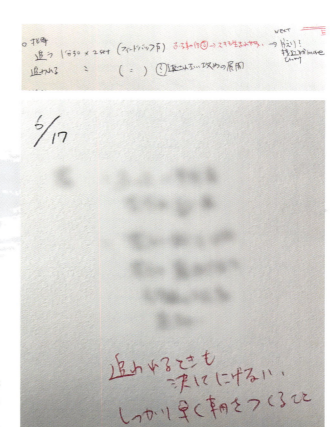

上：上水氏と相談し取り入れた練習メニューを記した箇所（1分40〔実際には1分30だった〕の記載も見られる）

下：取り入れた練習を行ったのちの気付きを記載している

はやったことがなかったのですが、上水先生がこの練習を取り入れた方がいいとおっしゃったので、合宿などの練習以外の時間で行いました。実はそれまで、試合中、指導を取ったとき、または取られたときという状況が得意ではなく、弱気になったり逆に強気になるなど、気持ちが安定しないことがあって。でも、想定練習をすることで気付いたことがあったんです。指導を取ったあとは、それを守らなくちゃいけないと思うから怖くなるんだと。なので、この練習のおかげでリオでは守ろうと思うのではなく、組みに行けましたね。戦い方を自分の頭の中で整理できたというか、逃げようと思うのではなく、組んだ方が怖くないと思えました。自分が攻めなくてはいけないとき、守らなければいけないときというのを、頭の中でコントロールできるようになったということですね。

上水氏 試合は想定外が起きるんですが、たとえ想定外が起きても切り替えることが重要なんです。そのための練習ですね。

リオデジャネイロオリンピックの決勝でコロンビアのアルベアル選手を小外刈で投げた瞬間

写真：ロイター/アフロ

またリオ直前には、相手の研究対策も行っています。遥はノーシードだったので、組み合わせは厳しいだろうと。それでも勝ち上がれたのは、やることをやっていたからです。ですから試合で畳の上にあがったときは自信満々でしたよ。この選手のこの技が怖いとなったとき、あらかじめその怖さを消していくためには準備が必要です。これこそが執念なんですよ。その弱い部分を消していけば、勝つ可能性が高まっていくわけです。結果、試合のときに想定していたよりも楽であったり、相手が予想よりも強くないと思えれば、気持ち的に前向きになれる。逆に、こんなはずじゃない、こんなに強かった？　となると、気持ちが後ろ向きになってしまいます。

最高の瞬間は試合で

田知本氏　乱取は男子にお願いしていたので、対戦相手に似た身長だったりタイプの人にお願いし、この技を徹底的にかけてほしいとか、釣手をこう殺してほしいとか、自分が嫌なことを徹底的にやってほしいとお願いしたのです。相手は男子なので、大抵投げられちゃうんですけど、全力で止めようとしたり、状況を打開しようとしますよね。それが試合になると、外国人とは言っても女性なので、男子とは力などが違います。そうなると「練習よりできる」といった感覚があり、畳の

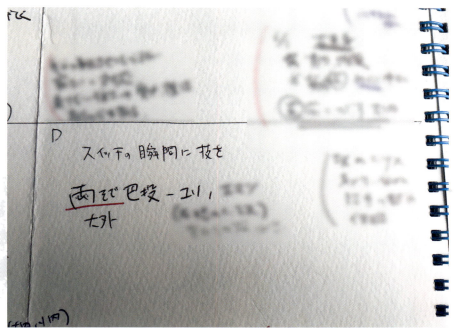

タイプ別に分けて対策を記したノートの一部
（Dタイプ：アルベアル選手の癖であるスイッチについても言及されているのが分かる）

上に立ったとき、初めて気持ちよくなれたというか（笑）。

上水氏 つまり彼女は、最高の瞬間を試合のときに迎えたわけです。練習では、たとえば気持ちよく投げることを繰り返すような、非現実的なことは行わない方がいい。試合でそんなことはあり得ないわけですから。

田知本氏 実際にどのように対策したかというと、まずは出場選手をABCDのタイプ別に分け、苦手なタイプは徹底的に洗いますが、得意なタイプの相手は、プラスαで注意しなければいけない技を持っている選手などの場合のみ、たとえばAタイプ＋苦手な技、組手の対策、といったような洗い出しをしました。

上水氏 ビデオを見て研究する際、この試合を見る限りでは、この対策のみをやればいいけど、おそらく相手は次にもっと進化させてくる。こうしてくるはずだ、だからこうしよう、と。そこまでやろうと、しつこく確認しました。

田知本氏 仮にポイントを先に奪われても、まだこの攻めがある、まだこれをやっていない。そういったものがいくつもあったので、用意したものをいくつも試し、これはダメ、だったら次はこれで投げようと、試合中にネガティブになる

ようなことはありませんでした。

上水氏 でもヒヤッとした場面はありましたよ。ドイツのバルガスコッホ戦で大内刈をかけられたときです。そのとき遥がグッっと踏ん張ったんですよ。私たちは危ないと思ったんですが、後から本人に聞いてみたら、遥はぜんぜん問題なかったみたいです（笑）。

田知本氏 そうなんです。その場面をビデオで見ると、確かに危ないようにも見えるんですが、男子と練習していましたので、その瞬間はぜんぜん受けられるという感じでしたね。決勝戦も先に指導1を取られたんですよ。それまでだったら焦るところなんですが、アルベアル選手とはそういう展開は多かったですし、そういう展開にもなり得るだろうなと思っていましたので、それよりも投げに行くことを考えましたね。

天国と地獄

上水氏 アルベアル選手が左組みから右組みにスイッチした瞬間に狙っていた小外刈で、ドンピシャはまって投げたんですよ。

田知本氏 そうなんです。ほぼ同時に相手は払腰にきましたが、私が先に小外刈をしかけて投げたんです。

上水氏 あのパターンは何回も練習し、これで投げるという想定もしていましたからね。このアルベアル選手は、スイッチすると大腰を打つ傾向があって、不十分なまま技をかけてくるのは分かっていました。しかし、それを嫌がると不十分なままでも投げられたりすることがあるので、そのタイミングが投げるチャンスだと。そこに合わせる練習をしていたのです。遥が先に仕掛け、苦し紛れにアルベアル選手が咄嗟に技を出した、そういう瞬間でしたね。

田知本氏 先生は具体的に何をしたらいいか理路整然と示してくれるんですね。個々に合うことを言ってくださるので入ってきやすいですし、すごく信頼していました。そういう意味では、上水先生という指導者と出会ってしまったばかりに、私は指導者という道がものすごくハードルの高いものになってしまいました（笑）。

上水氏 遥はものすごく貴重な経験をしました。ロンドンで地獄を、リオデジャネイロで天国を見たわけです。その貴重な経験を活かせる指導者になってほしいと思いますね。彼女はロンドン前はとことん量を求め、それを心の安定に使っていましたが、結局それは何も助けてはくれず、ロンドンの地獄を味わった。そしてリオまでの過程は決して順風満帆ではなく、苦しんで苦しんでいたけれど、その中で質を高めていったわけです。だからこそ、最終的にリオではいちばん輝く試合ができたということですね。そうやって金を取ったんだという証明をしてくれたので、僕にとっても勇気をもらえましたね。あの日は、人生で最高の日でしたよ。田知本とベイカーという、まったく異なるタイプの教え子2人が、同日に金を取ったわけですから。本当に指導者冥利に尽きた1日でした。

第1章
6区画理論の基礎知識と自己分析

柔道に必要な
練習の分析

　武道、とりわけ柔道には、『心・技・体』という言葉があり、それぞれが大切にされ、かつその3つが充実して初めて、良い柔道家であると言われます。私はその中で、『柔道の練習時間』という範囲に限っては、最も大切なのは『技』すなわち『技術』だと思っています。『体』すなわち、体力、肉体を鍛えたいのであれば、柔道の練習だけではなく、トレーニングという方法もあります。『心』すなわち『精神力』を磨かなければいけないとなると、精神を極限の状態に持っていくことを第一として考えるため、きついこと、苦しいことのみを追求する練習時間になりますし、これもトレーニングなどで代用することも可能になります。

技術練習

　そもそも柔道の創始者である嘉納治五郎が柔術を学ぶきっかけとなったのは、『小さい者でも大きい者に勝てる』技術を身につけたいと思ったからと言われています。その柔術を学ぶうちに、いつの間にか体が逞しくなり、癇癪持ちだった性格も落ち着いてきたことで、人間教育に適していると考え、柔道を創始したわけです。そのことから、私は柔道に必要な練習は、まずは技術練習であり、その中で、自分に必要なもの、足りない技術を手に入れていくための時間でなければいけないと考えています。その技術練習をベースとして、続けていけるだけの

体力が自然と身につき、『もう少しだけ頑張ってみよう』といった精神力の強化につながっていくことを理想としています。技術の修得が成長する喜びを生み出し、それが意欲へとつながり、考えるという一連の流れにつながります。体力、精神力が第一に来てしまうと、どうしても耐えることが先に来てしまい、何かを生み出すという発想にはつながりにくいと考えています。

罰ゲームではない

　柔道の試合において、耐える、我慢しなければいけない時間やシチュエーションというのは、もちろん存在します。しかし、その場面は試合が始まってすぐにというよりも、お互い技や体力が尽きたときに初めて精神力がものを言うようになるわけで、元々の技術で劣ってしまうと、その精神力の強さを発揮する機会さえなくなってしまいます。

　私は、耐えることのみを前提とした罰ゲーム的な発想の練習はできるだけ行わないよう心がけています。練習時間は自分を成長させる喜びの時間であり、ただきついことありきの罰を受けているような練習に、希望は生まれないと考えているからです。1人ひとりが自分に足りないもの、必要なものを論理的に考えていく過程で、失敗と成功を繰り返しながら、いつの間にか心・技・体すべてが上達していたというのが理想ではないでしょうか。私は『自分に必要な練習を分析』しながら、それらを的確に身につけていける環境が、柔道の上達につながると信じています。

対人競技である柔道と
6区画理論

　対人競技である柔道は、様々な相手にいかに対応するかが大切になってきます。仮に自分が最高のパフォーマンスを発揮しようとしても、相手がその力を発揮させないように考える競技なのです。そのことから、相手のパフォーマンスを発揮させない、あるいは対応する技術を習得している方が効率は良く、そのためには、まず相手を知り、自分を知っておかなければいけない、ということになります。

　柔道の相手は、大きく分けると6つの区画に分けられます。まずは、相四つとケンカ四つ、次に自分より背が高い、同等、低いの分類です。柔道競技では、階級制の試合が主になっているので、身長の区分で分ける方が妥当と思われます。この6つに分けられた区画の対戦相手全てに対応できれば、試合で勝つ確率は上

柔道は体重別で試合が行われることが多いため、対戦相手との身長差が生まれる

がりますが、多くの選手は6区画全てに対応するのは難しく、得手、不得手があるのが現状です。必ず苦手な区画、つまり苦手なタイプが存在するわけですから、当然、そこは自分の弱点になり、その部分をいかに克服するかが勝つ確率を上げる重要ポイントになります。そのため、柔道の練習は、基本的に課題の改善・克服を目指す技術練習が先にくるべきと考えています。

余裕が必要

　前項の繰り返しになりますが、精神的、体力的に追い込んだ状態を目指してしまうと、このような技術的な考え方ができるか疑問符がつきます。考えて練習するには、余裕がなければいけません。余裕がないと、耐えることしか考えなくなるからです。どのようにすれば苦手を克服できるのか工夫をしたり試行錯誤してみたり、練習を考えながら積み重ねていく。これこそが、6区画理論に行きついた元であり、技術力のある選手の育成を目指した要因と言えます。

苦手の克服を考え、練習を積み重ねていくことが重要

組手で重要な
釣手手首の4パターンを知ろう

　組手では、技をかける際はもちろん、相手を自由に組ませないためにも、釣手は重要となります。釣手には大きく分けて『縦手首・縦肘』『外手首・外肘』『内手首・内肘』『逆手首・逆肘』の4パターンがあり、4種類に分かれている以上、使い方はそれぞれ違ってきます。

　この4種類のそれぞれの役割と使い方をしっかり覚えておくことは、技をかける際はもちろんですが、それ以前に組手争いに負けないために、非常に重要と言えるので、しっかり覚えておきましょう。

縦手首・縦肘

組手におけるもっとも基本的な形です。手首を立てて縦にし、肘も縦に曲げている状態です。相手の襟を握ったときは、自然とこの形になっているはずです。

1 襟を握った状態

2 襟を握って手首を立てた状態

3 縦手首・縦肘で相手を引き付けた状態

外手首・外肘

襟を握った手首と肘を外側に捻り、手首も肘も外に向いている状態です。ケンカ四つの相手で間合いを取りたいときや、奥襟を掴んだ状態で相手を引き付ける場合などに利用します。

1 ケンカ四つで外手首・外肘の状態

2 ケンカ四つで外手首・外肘の状態（1の別アングル）

3 相四つで外手首・外肘の状態

内手首・内肘

襟を握った手首と肘を内側に捻り、手首も肘も内を向いている状態です。ケンカ四つの相手の肘の侵入を防ぎたい場合や、相四つの相手の引手をずらしたい場合などに利用します。

1 相四つで内手首・内肘の状態

2 相四つで内手首・内肘の状態（1の別アングル）

3 ケンカ四つで内手首・内肘の状態

逆手首・逆肘

肘と手首を外側に捻り、肘が上を向いた状態で襟を握った状態です。自分の釣手の位置を上げたり、ケンカ四つの相手の肘を開きたい場合などに利用します。

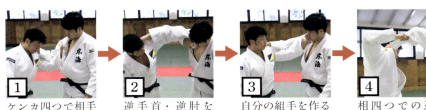

1 ケンカ四つで相手の肘を開きたい場合
2 逆手首・逆肘を使って相手の肘を開き
3 自分の組手を作る
4 相四つでの逆手首・逆肘の状態

ADVICE　内外内で組手を作っていく

ここで紹介した釣手手首は、1つひとつ独立しているわけではありません。相手や体勢、状態に応じて、使い分けたり組み合わせるなどして自分の組手を作っていく必要があります。ひとつの例として、「内外内」があります。

1 内手首・内肘を使って相手の視線を内側に向けさせ

2 外手首・外肘で相手の引手をずらし

3 再度、内手首・内肘で自分の組手を作る

引手の重要性

　柔道において、引手は釣手を動かし組手を形成するための土台と言えます。引手が安定しないと、釣手手首を動かしながら組手を形成するのが難しくなってしまうからです。たとえばスマートフォンで写真を撮影することを想像してください。片方の手で被写体に向かってスマートフォンを固定しながら、もう一方の手でピントを合わせる作業を行います。このスマートフォンを固定する動作が、柔道では引手の役割となり、ピントを合わせる動作が釣手の役割となるのです。スマートフォンを固定できなければ、いくらピントを合わせようとしても合いません。そう考えると、引手を固定させることがいかに大切か理解できるのではないでしょうか。
　ここでは、引手の持ち方、固定の仕方について解説していきます。

ケンカ四つの引手の取り方-1

ケンカ四つのときに、外から抱き込むようにして引手を握ります。

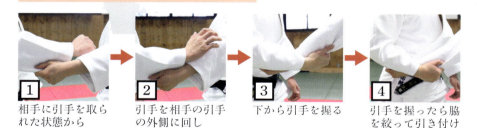

1. 相手に引手を取られた状態から
2. 引手を相手の引手の外側に回し
3. 下から引手を握る
4. 引手を握ったら脇を絞って引き付けておく

ケンカ四つの引手の取り方-2

上部からの抱き込みを妨害された場合は、引手を持ち替えます。

1. 相手に引手を取られた状態から
2. 引手を相手の引手の内側に回し
3. 下から引手を握る
4. 引手を握ったら脇を絞って引き付けておく

相四つの引手の握り方

相四つで引手を取るときは、下から相手の袖を握り、手首を返したりせずに、脇を絞めて引き付けておくことが重要です。手首を返そうとすると、相手に簡単に切られてしまうので注意しておきましょう。

1 手首を返して引手を握っていると

2 相手が嫌ったとき

3 比較的簡単に切られてしまう

1' 下から引手を握り、そのまま引き付けてしまえば

2' 相手が切ろうと思っても切れない

NG! 引手の手首を返してしまうと疲れるだけでなく切られる

引手を下から握った状態で、相手の袖を絞ろうとして手首を返してしまうことがあります。しかし、手首を返してしまうと、必要以上に前腕の筋肉に力が入り、疲労が溜まるだけでなく、相手に切られやすいというデメリットが生じるので、注意しておきましょう。

1 手首を返すと腕に力が入る。筋肉の筋の出方を比較すると分かりやすい

2 手首を返さないと、筋肉の筋があまり出ていないことが分かる

ボックスの作り方と壊し方

　ボックスとは相手と組み合った際にできる空間、間合いのことを指します。相四つであれば、しっかり組み合った状態では正方形に近い形になるはずです。この状態を『正方形ボックス』、少し崩れた状態を『ひし形ボックス』、ボックスが完全に潰れ、相手と密着するような状態を『一直線』と呼んでいます。
　このボックスの形によって、それぞれ意味や状態が違ってきます。そのため、それぞれの形の意味と、どのようなボックスを作ればいいかを知っておくことは、組み合ってから相手を崩す際に重要となります。もちろん、自分が作るだけでなく、相手に作られる場合もあり得るので、しっかり認識しておきましょう。

相四つの場合のボックスの壊し方

この状態は、意識的に相手との間にスペースを作り、自分の力がしっかり相手に伝わっている安定した状態と言えます。これは相四つだけでなく、ケンカ四つの場合も同じです。したがって、自分よりも背の高い相手と試合をするときは、この正方形ボックスを維持できるような組手争いが重要になってきます。

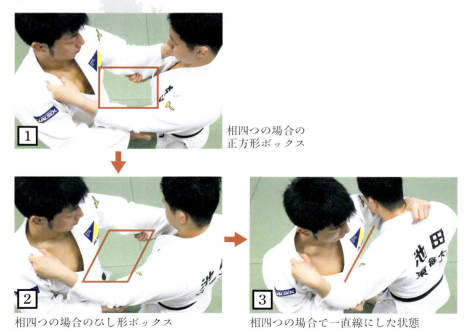

1 相四つの場合の正方形ボックス

2 相四つの場合のひし形ボックス

3 相四つの場合で一直線にした状態

ケンカ四つでのボックス

ケンカ四つの場合も、ボックスを正方形に近づければ、間合いがしっかりと取りやすくなります。ひし形から一直線になると、胸を合わせられる形になってしまいます。自分より相手が小さければ一直線にすることを目指しますが、大きい相手の場合は、正方形をキープすることを目指します（各区画の詳細はP34参照）。

区画D（相手が大きい場合）の正方形ボックス

区画F（相手が小さい場合）のひし形ボックス

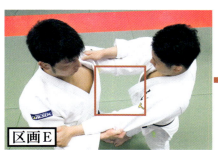

区画E（同身長の場合）の正方形ボックス（釣手下から）

正方形ボックスを崩してひし形ボックスにした状態

区画E（同身長の場合）のひし形ボックス（釣手上から）

さらに崩して一直線にした状態

組手の基本
相四つ（力勝負）とケンカ四つ（技術勝負）

　組手には相四つとケンカ四つがありますが、相四つの場合、組手争いは力勝負、ケンカ四つの場合は技術勝負となる傾向があります。つまり、相四つの場合は力が強い方が有利であり、ケンカ四つでは技術に優れている方が有利ということです。

　ここでは、相四つとケンカ四つのそれぞれで、どのような点に注意しておけば組手争いを制することができるのか解説していきます。ポイントを押さえ、どちらも場合も組手争いを優位に進められるようにしておくことが重要です。

相四つのポイント

　相四つの相手と組む際は、引手（相手にとっては釣手）は引き付けておきたいところ。そのためには、相手の袖を順手で持ち、引き付けたら脇を絞めて脇腹に固定させておくことが重要です。釣手は『縦手首・縦肘』を基本とし、自分の肩の高さやや上を持つようにします。なお、釣手の手首を相手の鎖骨に乗せておくと、正方形ボックスを保ちやすくなります。

・釣手は『縦手首・縦肘』で、肩の高さを握って相手の鎖骨の上に乗せておく

・順手で相手の袖を握り、引き付けたら脇を絞めて脇腹に固定しておく
・引手を握る際、逆手で握り相手の釣手を押そうとすると、相手に切られてしまうので注意

ケンカ四つのポイント

ケンカ四つでは、組み合った場合、お互いの釣手が邪魔をするため、胸が合わない状況になります。また、釣手を下から持ちたいタイプ、上から持ちたいタイプに分かれるため、組手争いに複雑な技術が求められます。これが技術勝負たるゆえんです。基本的には、大きい相手と試合をする場合、下から釣手を持つことが多くなり、小さい相手の場合は逆に上から持つことが多くなります。

下から釣手を持つ場合

・下から釣手を持つと、頭が下がってしまうことがあるので注意しておく
・縦手首・外手首を駆使して、腕を開きながら高い位置を保つようにする

上から釣手を持つ場合

・自分の腕が緩み、相手の釣手の位置が高くなってしまうことがあるので注意しておく
・縦手首と自分の顎を使い、腕を閉じて相手の釣手が上がってこないようにしておく

6区画の分類

　ここでは6区画とは具体的にどのようなものなのか、比較しながら解説していきます。現代柔道は基本的に体重別で試合が行われることが多いため、その場合、身長差が課題になります。自分より小さい相手と試合をする場合、たとえば背負投のような技は入りにくいと言えますし、組手争いや釣手、引手の持ち方なども相手との身長差によって変わってくるものです。

　これらを体系立てて整理したものが6区画であり、相四つの対高身長、対同身長、対低身長、ケンカ四つの対高身長、対同身長、対低身長に分類しています。

自分と同身長の相手が中央の場合、柔道では自分よりも大きい（左）、同程度、自分よりも小さい（右）の3パターンの相手が存在する。さらに相四つ、ケンカ四つに分けた6つのパターンを6区画と分類

区画A（相四つの対高身長）の基本姿勢

不利な状況にならないよう、一定の間合いを確保する必要があるので、自分と相手の間に正方形ボックスを作ります。

区画B（相四つの対同身長）の基本姿勢

自分の立ち位置と相手の立ち位置が平行になるので、カタカナの「ニ」の字になります。

区画C（相四つの対低身長）の基本姿勢

体格で勝るため、正方形ボックスを壊したひし形ボックスの形成、あるいは胸を合わせる一直線を目指します。

区画D（ケンカ四つの対高身長）の基本姿勢

釣手を下から持つことが多くなるため、釣手の位置を常に高い位置を保つよう心がけておきます。

区画E（ケンカ四つの対同身長）の基本姿勢

自分の立ち位置と相手の立ち位置が、カタカナの「ハ」の字になり、釣手が邪魔をして胸が合わない状況です。

区画F（ケンカ四つの対低身長）の基本姿勢

釣手を上から持つことが多くなります。また、相手の釣手が上がってこないよう、顎で押さえておきます。

ADVICE 苦手なタイプを整理しておく

相四つ、ケンカ四つで、対高身長、対同身長、対低身長と6区画にタイプを分けるとき、どのような選手でも必ず得意技と関連して得意なタイプ、苦手なタイプが存在します。苦手なタイプから目を逸らさないよう、区画整理を行っておきましょう。

6 区画の対策

相四つ編（A〜C区画）

　ここでは対相四つの場合における、区画A〜Cの相手に対する対策法を解説したいと思います。対高身長（区画A）は、相手が体格で勝るため、正方形ボックスを作り、間合いを確保することを、まずは考えたいところ。対同身長（区画B）は、引手を固定して相手の釣手に顎を乗せてボックスを固定することが重要。対低身長（区画C）は、こちらが体格で勝るため、正方形あるいはひし形のボックスをつぶして相手を引き付けることを考えたいところです。

　それぞれのポイントを整理しておきますので、AからCのどのタイプが相手でも対処できるようにしておきましょう。

区画A（対高身長）

相手の方が体格で勝る場合は、ボックスを潰されて引き付けられてしまうことを防ぐことを考える必要があります。そのためには、釣手は手首を立てて相手の鎖骨付近に当て、引手は相手の肘を下げさせて自分の方に引き付けて固定しておきます。

① 引手で相手の胸を突き、間合いを取る

② 相手の釣手手首に顎を乗せる

③ 顎を乗せると同時に、相手の釣手の袖を自分の引手で押さえる

④ 引手を押さえると同時に、正方形ボックスを作る

区画 B（対同身長）

体格が同等の相手の場合、ボックスを潰されて侵入されるのを防ぐことを考える必要があります。そのためには、引手を引いて固定するとともに、相手の釣手のラインに顎を乗せて、自由に使わせないようにします。釣手も、ボックスを固定させるため、相手の肩のライン上の胸の位置に置きます。

1 相手が正方形ボックスを潰そうとする

2 相手の釣手の上に顎を乗せる

3 顎を乗せると同時に、引手と釣手を使ってボックスを作り直す

4 元に戻す

区画 C（対低身長）

自分が体格で勝る場合は、対高身長とは逆に、ボックスを潰し相手を引き付けてしまうことを考えます。そのためには、引手を取ったら引き付けて脇を固めてしまい、刈足（前足）を前に出して間合いを詰めます。釣手は徐々に絞りながら相手を引き付け、胸と肩が密着するような一直線の状態を作り出します。

1 相手がボックスを作ろうと試みる

2 引手を引き付けて脇に固定する

3 固定すると同時に、釣手で相手のボックスを潰しにかかる

4 一直線の形を作る

5 引手で袖ではなく襟を持つ

6 引手を引き、肘を脇腹に固定するように着ける

7 固定すると同時に、釣手で相手のボックスを潰しにかかる

8 引き付けると同時に、引手を袖に持ち直す

6 区画の対策

ケンカ四つ編（D〜F区画）

　ここでは対ケンカ四つの場合における、区画D〜Fの相手への対策法を解説します。対高身長（区画D）は、相手に釣手を上から持たれてしまい、圧力で頭を下げてしまうのを避けたいところ。対同身長（区画E）は、引手を外側から取って固定させ、釣手を状況に応じて上から、あるいは下から取り、有利な組手を作りましょう。対低身長（区画F）は、相手が釣手を取ったら、顎を乗せて動きを制限し、自分の釣手の肘を上から入れることを考えたいところです。

　それぞれのポイントを整理しておきますので、DからFのどのタイプが相手でも対処できるようにしておきましょう。

区画D（対高身長）

相手が体格で勝っているため、釣手を上から持たれてしまい、その圧力で自分が頭を下げてしまわないように注意しておく必要があります。そのためにも、まずは引手を外側から取って引き寄せて固定させ、釣手で襟を取ったら外手首・外肘と縦手首・縦肘を使って相手の釣手の脇を開かせ、自分の釣手を内側に滑り込ませます。

釣手下から

1 相手が頭を下げさせて、ボックスを壊そうとする

2 引手を引き、ボックスを壊されないようにする

3 外手首・外肘を使い、ボックスを作り直す

4 縦手首・縦肘に戻し、ボックスを修正する

釣手上から

1 相手の釣手を、あえて上から持ち替える

2 内手首・内肘を使い、肘を中に入れ込む

3 入れ込むと同時に、釣手で相手を固定する

4 固定すると同時に、外から引手を取り直す

区画 E
（対同身長）

体格が同等の相手の場合、引手は外から袖の下側を抱き込むように握り、引き付けて脇腹の位置で固定させておくのが基本です。同身長の場合、釣手は襟を下から取る場合と上から取る場合に分かれるので、それぞれの注意点を踏まえ、組手を有利に進める必要があります。

①相手が顎を使って、こちらの釣手を制御しながら引手を引く

②引手を引かれたので、外から引手を巻き返す

③抱き込みながら相手の引手を押さえる

④引手を引き、ボックスを作り直す

区画 F
（対低身長）

自分が体格で勝る場合は、相手に自由に動かれるのを防ぐ必要があります。そこで、まずは引手を外側から取り、自分の脇腹に引き付けて固定させます。そして、釣手で相手の上から襟を握ったら、前腕を相手の前腕に乗せ、内手首・内肘を使って脇を絞り肘を入れます。その後、縦手首・縦肘に戻してボックスを固定させてしまえば、相手の動きを封じられます。

①相手が引手を持たせない状況

②内手首・内肘を使い、肘を中に入れ込む

③相手の横腹を握って引き付け、相手の袖を持たせる

④引手を持たせると同時に外から抱き込み、引手を持ち直す

自己分析をしてみよう！

　前2項目では、相四つ（区画A～C）とケンカ四つ（区画D～F）に分けて、それぞれ組手を中心に対策法を解説してきました。冒頭でも触れましたが、すべての区画に対して苦手意識がないという選手はなかなかいません。私の知る限り、どんなに優れた選手でも2区画は苦手にしているものです。

　そこで、ここではあらためて自分の柔道を振り返ってみて、6区画のうち得意な区画、逆に苦手な区画を整理してみましょう。誰しも、『右組みの相手が苦手』であるとか、『どうもケンカ四つはやりにくい』と言ったような、苦手意識は持っていると思います。それらを回想して、表を作成してみましょう。

　頭の中で漠然と認識していたものが、このように表に自ら書き込むことで、得意なタイプ（区画）、苦手なタイプ（区画）を再認識できるのではないでしょうか。もし、得意なのか苦手なのか判断に迷うようなことがあるなら、そのタイプと乱取を行って、技がかけやすいかどうか、相手に技をかけられやすいかどうか、ということを基準に考えてみてもいいでしょう。

　この、苦手意識を再認識することが、柔道を成長させるための貴重な第一歩となります。苦手意識があるタイプ（区画）が分かったら、それを克服することを意識すればよく、得意なタイプ（区画）も、より高みを目指すよう練習します。このように苦手なパターンを潰していくことで、より勝利が近づくということです。

苦手なタイプを再認識し、克服することを考える

6区画表を用いた自己分析シート

	相四つ	ケンカ四つ
対高身長	**区画 A** ① 得意　普通　不得意 ② 自分の得意技	**区画 D** ① 得意　普通　不得意 ② 自分の得意技
対同身長	**区画 B** ① 得意　普通　不得意 ② 自分の得意技	**区画 E** ① 得意　普通　不得意 ② 自分の得意技
対低身長	**区画 C** ① 得意　普通　不得意 ② 自分の得意技	**区画 F** ① 得意　普通　不得意 ② 自分の得意技

第1章まとめ

　この章では、監修の上水氏が提唱する『6区画理論』の基礎的な知識と組手争いや技をかける際に重要となる釣手・引手の使い方などの柔道に必要な基礎技術、そして『6区画理論』に基づく各タイプ別の対策法などについて解説してきました。これらは、本書で解説する第2章以降の練習法を行う上で非常に重要なことであり、それはもちろん、実際の試合においても、身につけておかなければいけない基本知識・技術です。

　以下に、第1章で解説したことをあらためてまとめてみました。どれだけ知識として身についたかを確認し、足りないと思われる部分があるようでしたら、再度ページに戻って確認し直しましょう。ここで解説した基礎知識や基礎技術を覚えて次項以降の練習に取り組むのと、覚えないまま取り組むのでは、結果として大きな差を生じさせることになります。

- 6区画理論とは、相手を「相四つ」「ケンカ四つ」に分け、それぞれに「対高身長」「対同身長」「対低身長」と6タイプに分類し、それぞれのタイプ別に特徴を顕在化させた考え方である。

- 6区画理論を元に、得意・不得意とする相手のタイプを体系立てて自覚することで、対処法や必要な技術、技などを具体的に知ることができる。

- 引手、釣手、それぞれの重要性を再確認し、組手争いに活かす。

- 組手争いで大切な正方形ボックス、ひし形ボックス・一直線を理解することで、相手に応じた間合いの取り方やボックスの壊し方を知ることができる。

第2章
シチュエーションへの準備

『孫子の兵法』の応用

『彼を知り己を知らば百戦危うからず』

　孫子は紀元前500年頃の中国春秋時代の武将で、軍事思想家・孫武の尊称です。『孫子の兵法』は、その孫子が戦争に勝つために説いたとされる兵法ですが、柔道において勝つために必要な考え方に通ずるものがあります。

　『彼を知り己を知らば百戦危うからず』は、孫子の兵法の中で最も有名な格言のひとつでしょう。『彼』とは敵のことであり、柔道であれば対戦相手となります。対戦相手を研究し熟知して実力などをしっかりと把握しておくことは、試合に臨む上で非常に重要なことです。得意技はもちろん、癖や性格、欠点・弱点など、情報は多ければ多いほど、戦略を立てる上で役立ちます。

　一方で、相手を知るだけでは万全とは言えません。自分の実力、得意技や弱点などを正しく理解し、相手の柔道と照らし合わせながら、対策を練る。この両方ができて初めて、百戦危うからず、つまり何度戦っても負けることはない、と言えるような状態にすることができるのです。

　相手が研究し対策を立ててきたとき、もし自分が相手のことを何も知らず対策も立てていなかったとしたら、まず試合に勝つことは不可能です。研究して対策を練る、という行為そのものも、試合にかける意気込みという観点で、すでに優劣がついているとも言えます。

『よく戦うものの勝つや智名もなく勇功もなし』

これも孫子の兵法の有名な格言のひとつです。意味としては『戦いが上手いものは、勝ちやすい機会をとらえて勝つもので、その勝ちは人目を引くようなものではなく、智謀すぐれた名誉もなく、武勇が称賛されることもない』となります。簡単に言うなら、勝つべくして勝つ、勝って当たり前の状態で勝つ、ということでしょうか。本当に戦い方が上手なものは、勝てるような環境を作っておいて、当たり前に勝つ、というわけです。また、目立ったり注目を集めることがないからこそ、密かに練習や作戦を進めて勝利を手繰り寄せることができる。そう孫子は説いているのです。

この格言は、最初の『彼を知り己を知らば百戦危うからず』と相関関係になっていると考えていいでしょう。『人目を引くような勝ち方をしない』ようにするにも、相手の研究と対策は必須で、それらをしっかりと行って初めて、『勇功もなし』と言える勝って当たり前な勝ち方ができるわけですから。

柔道に限らず、大きな大会になればなるほど、下馬評といったものが囁かれますし、優勝候補と呼ばれる選手も出てきます。その選手が当たり前のように勝つことは、あまり不思議には思われません。しかし、その陰には用意周到さという土台が存在していてこそ成り立つという教えだと言えるでしょう。その昔、前人未到の203連勝、全日本選手権9連覇を達成された山下泰裕氏、現在ではリオ五輪73kg級金メダルの大野将平選手に当てはまる言葉と言えます。

現代柔道に必要な三本の軸
（技術、接点の強さ、粘り）

『技術』が一本目の軸

　最近の柔道の試合は、基本的に体重別で行われることが多いので、極端に体重差がある相手と試合をするのは稀です。ただし、同じくらいの体重であったとしても、相手の特徴というのは千差万別。それは第1章でも触れた通り、大きく分けても6パターン（6区画）あります。その中でも得意技や受け方の違いなど、様々な特徴を持った相手がいるわけですが、その相手に対して、対応できる『技術』を持ち合わせていなければ、対策のしようがなくなってしまいます。その意味でも、必要な軸の一本目として、柔道の練習は、この『技術』を習得するためのものでなければいけません。

　技においては、打込、投込を中心にして作り、組手や対策等は、シチュエーションの部分稽古で補います。

練習は技術を習得し磨く場

『接点の強さ』が二本目の軸

練習でも最後まで投げきる強さを追求

　かつて柔道では、相手の技に対して足を取って投げる、あるいは防ぐ技などがありました。しかし、ルール改正により、それらの技（技術）が認められなくなると、相手の技に対して体の強さで『いかに受けるか』、あるいは『いかに投げるか』が求められるようになってきました。

　この『接点の強さ』は、試合結果に直結する、現代柔道に必要な二本目の軸となります。これは後述する矛と盾の関係になるわけですが、要は競り合いでの強さが重要になり、最後まで受けきる、最後まで投げきる強さを求める練習が必要ということになります。この部分は、強化の打込や掛けきり、受けきり等の練習で補います。

『粘り』が三本目の軸

一本目の軸である『技術』と、二本目の軸である『接点の強さ』が、相手と互角であれば、試合は当然、長期化していくことになるでしょう。そのような展開になったとき、最終的に勝敗を決するのは、いかに粘れるか、ということが重要な要素となってきます。力関係が明らかに違う相手であれば、勝敗を決するのは早い可能性が高いですが、五分に近ければ近いほど、最後の最後に『粘り』が必要になってくるわけです。

これは、必ずしも互角の相手との試合の終盤に限ったことではなく、たとえば大会の1回戦、2回戦は体力があって試合に勝てても、勝ち進むにつれ余力はなくなっていきます。このときに『粘り』がなければ、当然、決勝戦などの最後の試合まで勝ちきることはできないでしょう。精神的に『いかに粘って頑張れるか』ということも重要になり、当然、この『粘り』を鍛えるための練習も必要になってきます。この部分は、乱取練習や、時間や相手を設定した部分稽古等で補います。

最後に粘れる精神力ももちろん必要

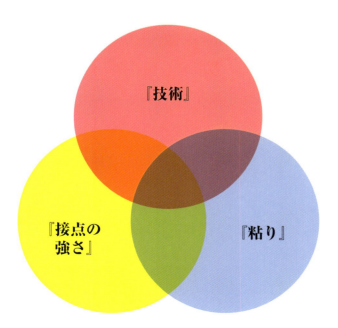

これら3つの軸を、柔道の練習の中でバランス良く組み込み、身につけていくことが重要であり、東海大学柔道部が実践している練習の考え方の基本になります。また、この三本の軸の要素が組み込まれた最終的な練習が乱取であり、乱取を行う際には、この『三本の軸』を意識しながら、それぞれの練習で身につけたものを発揮するよう取り組むことが重要です。

想定訓練の重要性

　前項で解説した『三本の軸』ですが、これは相手に応じた戦い方ができるようになるための準備になります。つまり、『三本の軸』を使いながら試合に勝つための基本的要素を身につけていくということになるわけです。
　であれば、次の段階としては、戦う様々なタイプを想定し、その相手に応じた戦い方に応用させていく想定訓練が重要になってきます。この章の始めにも触れた、孫子の『彼を知り己を知らば〜』に通ずることですが、相手にはどのような特徴があり、どのような戦い方をするのかを知り、その相手に対して自分は何ができるのかを考え、もし対応できるものを持ち合わせていないのであれば、それを作る必要があります。

６区画の苦手タイプを想定した組手の作り方の練習

　自分に足りないものは何なのかを分析し、まず『技術』が及ばないのであれば『技術』を磨き、『接点の強さ』が弱いのであれば『接点の強さ』を強化し、『粘り』が足りないのであれば『粘り』を補う。そこから想定訓練へ移行し、よりスムーズに試合を運べるように応用していきます。
　たとえばケンカ四つの相手を苦手としているのであれば、苦手にしている理由を知り、それを克服する想定訓練を行います。より多くケンカ四つの相手と練習をして対策を見つけ出し、修正を行います。PDCAサイクルにもありますが、Plan（計画）を立て、Do（実行）し、Check（確認）した後、Act（修正）する。この作業を繰り返すことで、少しずつ自信がついてきます。

立技から寝技に移行する瞬間を想定した練習

　その上で、大会前の組み合わせが決まった後に、対戦相手に対しての対策を練った特殊訓練を行うこともあるでしょう。ただし、あくまでも日々の練習の中で行う想定訓練がベースとなった上で、対戦相手個別の対策が上積みされる、というイメージを持っておくことが重要です。

試合の残り時間を想定した奇襲技の練習

基礎技術の固め方

　柔道における基礎技術とは、大きく2つに分けられると考えます。ひとつは背負投や内股など、技自体の基礎。もうひとつは、組手を優位に進めたり、状況に応じた戦い方をするなどの技術（テクニック）としての基礎です。このどちらも持ち合わせていないと、試合に勝つのは難しいと言わざるを得ません。

　技に対する基礎技術。これは投込を含めた打込でしか習得し得ないと言えます。正しい入り方、正しい釣手、引手の使い方などを意識しながら打込を行い、技に対する基礎技術を固めていきましょう。

　一方、技術としての基礎は、そのシーンやパターンを切り取り、状況に応じた練習を積み重ねていくことで固めていくことができます。たとえば組手の基礎技術を固めるとなったら、相手のタイプを想定し、そのパターンを切り取って練習を積み重ね、技術を習得していくということです。

　技に対する基礎技術については次項以降で、テクニックとしての基礎技術については第3章と第4章で、それぞれ詳しく解説しています。

技術の固め方例 – 背負投の打込

1 相手をしっかり引き出して

2 正しい入り方を意識して技をかける

3 しっかりと相手を担ぎ上げる

技術の固め方例 – 組手練習

1 ケンカ四つでの引手の取り方を意識した練習

2 相手の袖が取れたら

3 しっかりと脇を絞めて引き付けることを意識する

技術の固め方例 – シーンを切り取った部分稽古

1 立技で相手が倒れたシーンからスタートする

2 相手の上半身を極めることを意識する

3 抑込に移行できるよう練習する（ここでは横四方固）

ビッグ6とスモール4

　柔道において『大技』『小技』といった言葉を聞いたことがあるのではないでしょうか。私個人では、大技の中でも特に効果的な6種類の技を『ビッグ6』と呼んでいます。対して、小技の中でもビッグ6と連続してかけることでさらなる効果を生み出す技を『スモール4』と呼んでいます。

　『ビッグ6』は背負投、払腰、内股、体落、大外刈、大内刈の6種類。『スモール4』は、小内刈、足払、支釣込足、小外刈の4種類です。

　実際の試合では、『ビッグ6』や『スモール4』を駆使して、それ単体できれいに投げるときもあれば、連続してかけ、相手が戻る力を利用して投げるといった連絡技、連続技で投げることもあります。

　『ビッグ6』に関しては、たとえば背負投なら、自分よりも背の大きな相手（区画A）には有効ですが、逆に自分よりも小さい相手（区画C）には不向きと言えます。このように、各区画によって、向き不向きがあるので、表を参考に傾向を整理しておきましょう。

『スモール4』

小内刈

足払

支釣込足

小外刈

6区画に対する有効な『ビッグ6』

	相四つ	ケンカ四つ
対高身長	背負投	体落
対高身長	大内刈	大内刈
対同身長	背負投	体落
対同身長	大外刈	内股
対低身長	大外刈	内股
対低身長	払腰	払腰

背負投 / 大内刈 / 内股
体落 / 大外刈 / 払腰
担ぐ / 刈る / 跳ねる

打込の重要性

　打込は柔道において、技を作る、あるいは技を正確に覚える唯一の手段とも言えます。しかし、ただ単に打込をやっているだけでは漠然としてしまい、また飽きてきます。そこで、技を覚えるための『慣れ』の打込、覚えた技をより自分のものにするための『洗練』の打込、試合で使えるようにするための『強化』の打込と、段階を意識する必要があります。これは後ほど詳しく解説します。

　また、打込の盲点は、『技を覚えるためだけの練習』だと思ってしまうことです。もちろん、技を覚えることに間違いはありませんが、同時に受け方を覚える練習でもあると気付かなければいけません。次の項で触れますが、柔道の練習は矛盾の関係、つまり矛の強化と同時に盾の強化もしなければいけない、と言うことにつながり、それが体で技のメカニズムを覚えると言うことになります。

　この2つのことを意識しながら打込を行うのと行わないのでは、大きく差が出てくるだけでなく、打込そのものが重要な練習となるのか、あるいは準備運動で終わるのか、その成果がまったく違ってくると認識しておきましょう。

段階を経る打込（慣れのための打込）の例

1 正しく技をかけることを意識する

2 刈足を踏み込んでしっかり入る

3 軸足を引き付けて技に入る直前まで行う

段階を経る打込（洗練のための打込）の例

1 相手をしっかり引き出す。受けもやや力を入れておく

2 受けを崩して技に入る

3 投げる直前まで相手を崩す

段階を経る打込（強化のための打込）の例

1 相手をしっかり引き出す。受けは防御するつもりで行う

2 防御する相手を崩して技に入る

3 投げる直前まで相手を崩す

矛盾の関係を意識した打込

洗練、または強化のための打込練習では、受ける側も技を受けて防御する意識を持ち、盾（守り）の強化につなげる

矛盾の関係性（攻めと受け）

　前項でも触れた通り、柔道は矛盾の関係性になっています。つまり、一方が技をかけた場合（矛による攻め）、もう片方は投げられないように受けることになります（盾による受け）。一方的に攻め続ける、あるいは一方的に受け続けるということは、現代柔道のルールの中では、よほどのことがない限り、まずあり得ません。

故事成語

　そもそも矛盾とは、皆さんご存知のとおり、昔の中国（楚の国）で、矛と盾を売っていた商人が「この矛はどんなに硬い盾も突き通すことができ、この盾はどんな矛も通さない」と誇ったところ、「ではその矛でその盾を突いたらどうなるのか」と尋ねられ、答えに窮したという故事から来る言葉です。

　柔道においては、矛（技）と盾（受け）を同時に強化しなければ、試合に勝つことはできないと言えるでしょう。こちらの矛と相手の盾、こちらの盾と相手の矛。このせめぎ合いであることを考えたとき、矛（技）の強化だけでは、相手の技に対し受けきれず投げられてしまうことが考えられます。逆に盾（受け）の強化ばかりで技をかけれなければ、相手を投げることはできず、勝つことは難しいでしょう。となると、自ずと矛と盾の両方を備えなければならなくなります。この『矛と盾を備える』ことが、柔道の原理原則と言え、それを覚えるための最も有効な練習方法が打込になります。打込以外の練習においても、この『矛盾の関係性』を意識しておく必要はありますが、ここでは打込に的を絞って、次項から具体的に解説していきます。

盾を意識していない大内刈の受け方

大内刈を受けるだけになっている

盾を意識した大内刈の受け方

大内刈で投げられるのを防ぐような受け方

盾を意識していない
背負投の受け方

背負投を受けるだけになっている

盾を意識した
背負投の受け方

背負投で投げられるのを防ぐような受け方

盾を意識していない
内股の受け方

内股を受けるだけになっている

盾を意識した
内股の受け方

内股で投げられるのを防ぐような受け方

盾を意識していない
大外刈の受け方

大外刈を受けるだけになっている

盾を意識した
大外刈の受け方

大外刈で投げられるのを防ぐような受け方

打込はビッグ6を選択して強化する

　打込の練習方法に触れる前に、まずは打込では何の技を練習すればいいかについて解説しておきます。たとえばスモール4の出足払ですが、仮に出足払が得意であったとしても、打込で正確さや技の強化をする必要性は低いといえます。技自体を否定しているわけではありませんが、むしろ打込の練習をするのであれば、出足払と連絡できるような大技を作ることをお薦めします。

　東海大学では、基本的に打込はP52で解説したビッグ6（背負投、払腰、内股、体落、大外刈、大内刈）の中から選択し、強化するようにしています。これは試合で軸となる頻度の高い技であることが理由のひとつです。この6つの技を覚えておくと、6区画理論による技の選択に結び付いてくるため、より試合での組み立てがしやすくなります。できれば、この6つの技はすべて試合でも使えるレベルにまで強化しておくことが望ましいと言えます。技が少なければ少ないほど、相手は対策しやすくなりますし、的が絞りやすくなります。逆に多ければ相手は多くの技を警戒しなければいけなくなるため、試合を優位に進めることができます。

6パターンのみにあらず

　なお、6つの技すべてを覚えると言っても、単純に6パターンを覚えるわけではない、と言うことを知っておく必要があります。たとえば背負投でも、相四つとケンカ四つでは入り方、崩し方は違いますし、相手との身長差によっても入り方は違ってきます。これらの違いや、その違いによる入り方などを正しく理解し、身につけていかなければいけません。前項にも述べましたが、我々は打込を三段階に分けて考えており、一段階目を『慣れ』のための打込、二段階目を『洗練』のための打込、三段階目を『強化』のための打込としています。

　そこで、次項からは、大内刈・背負投・内股・大外刈の4つの技を例として、慣れ・洗練・強化別に、それぞれ相四つとケンカ四つの打込の練習方法を解説していきます。

強化のための打込－大内刈（P80 にて詳しく解説）

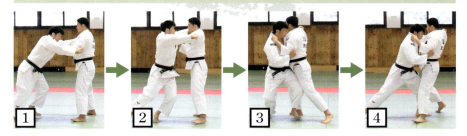

強化のための打込－背負投（P82 にて詳しく解説）

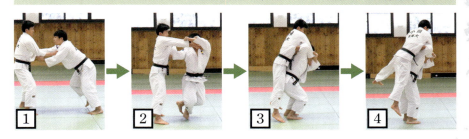

強化のための打込－内股（P84 にて詳しく解説）

強化のための打込－大外刈（P86 にて詳しく解説）

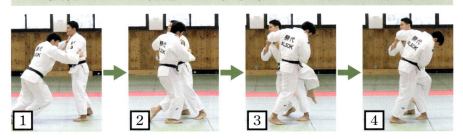

慣れから洗練へ

　前項で打込を大きく三段階に分けていると解説しました。まず一段階目の『慣れ』のための打込ですが、これは技の正しい入り方やかけ方を覚えることを目的とした『技に慣れる』ための打込と考えてください。この場合、受ける側が力を入れてしまうと、正しく技をかけられなくなり『技に慣れる』という主たる目的が達成できなくなってしまうので、受ける側は力を入れずに、かける側が正しく技をかけられるよう努めなければいけません。

『慣れ』のための打込例（大内刈）
（P62にて詳しく解説）

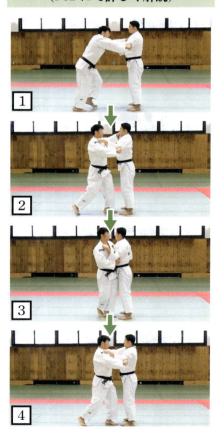

『慣れ』のための打込例（背負投）
（P64にて詳しく解説）

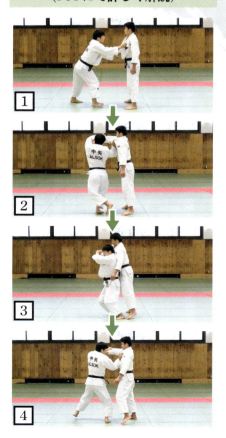

技を覚える段階が過ぎたら、次の二段階目『洗練』のための打込に移行します。正しい技を覚えても、その技を実際の試合ですぐに使えるかといったら、それは難しいと言わざるを得ません。試合で使えるように洗練させていく必要があります。そのため、受ける側はある程度力を入れることで、かける側に実戦に近い状況を作ってあげるようにします。当然、かける側も力がついてきますし、受ける側も、受け方を徐々に体で覚えていくことができるようになります。この第二段階から、受ける側も盾を意識し、単に打込の相手になっているのではなく、その技に対する防御を徐々に覚えていくことが重要です。

　次項から、『慣れ』『洗練』それぞれの打込の方法を解説していきます。

『洗練』のための打込例（大内刈）（P70にて詳しく解説）

『洗練』のための打込例（背負投）（P72にて詳しく解説）

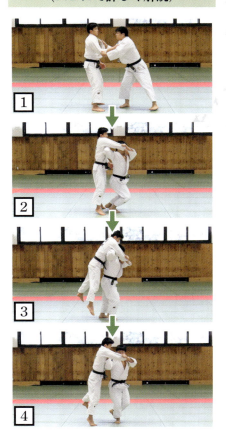

『慣れ』のための打込
大内刈

　『慣れ』のための打込では、基本的な足の運び方と体の位置（自分の体と相手の体の位置関係）を確認しながら、正確さを求めて練習するようにします。この足の運びと体の位置が正しくできないと、いくら練習しても技を正確に出せるようになりません。慣れのための打込は、主に初心者や新たに技を習得する人のための打込であると覚えておいてください。

　ここでは大内刈の打込を紹介しますが、体が伸び上がらないように注意し、また自分の膝も伸び上がらないよう心がけ、重心を低くして入るように意識しながら打込を行いましょう。

『慣れ』のための大内刈の打込

1 袖と襟をお互いしっかり取り合う

2 刈足（ここでは左足）を踏み込む

3 刈足を着地したら軸足（ここでは右足）を踏み込み始める

4 軸足を刈り足に寄せていく

5 軸足を着地させる

6 重心と膝が伸びないように注意する

7 軸足を元の位置に戻し始める

8 軸足を元の位置に着地させる

9 軸足を着地したら刈足を戻し始める

10 元の体勢に戻る

『慣れ』のための打込
背負投

　前項では大内刈りの『慣れ』の打込を紹介しましたが、ここでは背負投の打込を紹介していきます。背負投の場合も、基本的な足の運び方と体の位置（自分の体と相手の体の位置関係）を確認しながら、正確さを求めて練習するようにします。どの技であっても、『慣れ』の打込は、あくまで初心者や新たに技を覚えたい人のための打込であることを忘れてはいけません。

　背負投は自分の体を回転させますが、回転した後、自分の背中と相手の腹の密着を意識しておきます。しっかり密着できていないと、正しい背負投をかけることができなくなります。

『慣れ』のための背負投の打込

1 袖と襟をお互いしっかり取り合う

2 前足（ここでは右足）を踏み込む

3 前足を踏み込んだら、後ろ足を引き付け始める

4 前足を中心に、体を回転させていく

5 体をしっかり反転させ、背中を密着させる

6 背中を密着させたら、相手を背負うことを意識する

7 後ろ足を元の位置に戻し始める

8 後ろ足を元の位置に着地させる

9 前足を元の位置に戻し始める

10 元の体勢に戻る

『慣れ』のための打込
内股

　内股の『慣れ』の打込では、次の2つのことに注意しながら練習してください。ひとつめは、重心が伸び上がらないようにすること。相手を跳ね上げる技なので、先に自分の体が伸び上がってしまっては、力をしっかり伝えられなくなります。2つめは、回転する際、軸足が遠回りしないように注意することです。遠回りしてしまうと、技に入るまでに時間がかかってしまうため、この癖がついてしまうと、試合では透かされる可能性が高くなってしまいます。

　慣れの打込なので、基本的な足の運び方と体の位置を確認しながら、正確さを求めて練習することが重要です。

『慣れ』のための内股の打込

1 袖と襟をお互いしっかり取り合う

2 跳ね足（ここでは右足）を踏み込み始める

3 跳ね足を踏み込んだら、軸足を引き付け始める

4 軸足を引き付けて、引手を前方に引き始める

5 軸足を着地させる

6 相手を前に引き出し、跳ねることを意識する

7 軸足を元の位置に戻し始める

8 軸足を元の位置に着地させる

9 跳ね足を元の位置に戻し始める

10 元の体勢に戻る

『慣れ』のための打込
大外刈

　ここまで大内刈、背負投、内股の『慣れ』の打込を紹介してきましたが、最後に大外刈の打込を紹介しておきます。『慣れ』の打込では、どの技であっても、受ける側は基本的に抵抗しないようにします。とは言っても組み合っているので、掛ける側からすれば、抵抗はゼロではなく、全力で抵抗したときを10割としたら、3割程度の抵抗を感じるはずです。

　大外刈の場合は、自分の引手を脇腹に密着させることを意識しながら練習しましょう。また、刈足を上げたとき、自分の体が伸び上がらないよう心がけておくことも重要です。伸び上がって技をかけてしまうと、相手に返されます。

『慣れ』のための大外刈の打込

1 袖と襟をお互いしっかり取り合う
2 軸足（ここでは右足）を踏み込み始める
3 軸足を踏み込んだら、刈り足を引き付け始める
4 刈り足をさらに引き付ける

『洗練』のための打込
大内刈（相四つ・ケンカ四つ）

　ここからは『洗練』の打込を紹介していきます。『慣れ』では実際に技には入りませんでしたが、『洗練』ではレベルを上げた練習という位置づけなので、1回1回の動作で正確に技に入ることはもちろん、投げる直前まで行います。

　まず大内刈ですが、相手の足を刈る際、1回1回、自分がより強く刈れる場所を認識しながら行技をかけていくことが重要です。

『洗練』のための大内刈の打込（相四つ）

1　袖と襟をお互いしっかり取り合う

2　刈り足（ここでは左足）を踏み込み始める

3　刈り足を踏み込んだら、軸足を引き付け始める

4　軸足を着地させ、刈り足で刈り始める

5　引手の脇に注意しながら相手の足を刈る

6　元の体勢に戻り始める

『洗練』のための大内刈の打込（ケンカ四つ）

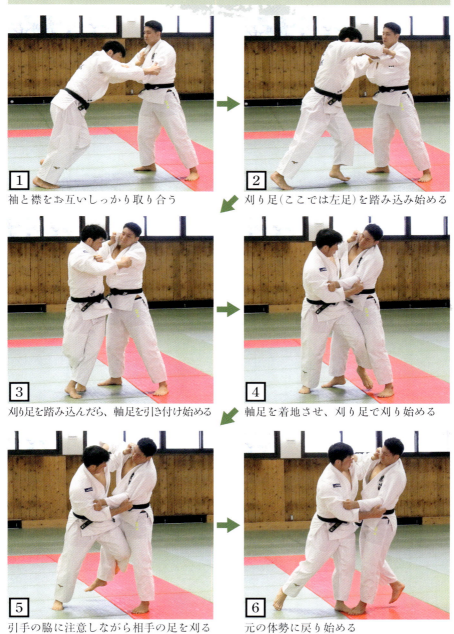

1. 袖と襟をお互いしっかり取り合う
2. 刈り足（ここでは左足）を踏み込み始める
3. 刈り足を踏み込んだら、軸足を引き付け始める
4. 軸足を着地させ、刈り足で刈り始める
5. 引手の脇に注意しながら相手の足を刈る
6. 元の体勢に戻り始める

『洗練』のための打込
背負投（相四つ・ケンカ四つ）

　『慣れ』の打込が、3割程度の抵抗だとしたら、『洗練』のための打込では、受ける側は5割から6割程度の抵抗を意識しておきます。担ぐ、刈る、跳ねるなどの動作を、その都度、正確に行い、技に入ることを意識して練習しましょう。

　背負投では、1回1回相手を担ぐことによって、担ぎ上げるポイントを知ることができます。そのため、ポイントを探る意識を持ちながら行いましょう。

『洗練』のための背負投の打込（相四つ）

1　洗練までは受けは引手を離し、体幹で受けるようにする

2　前足（ここでは右足）を踏み込む

3　後ろ足（ここでは左足）を引き付けて回転し始める

4　後ろ足を着地させ、相手にしっかり背を向ける

5　体がのけ反らないよう注意し、背中を密着させて担ぐ

6　投げる直前くらいまで担ぎ、元に戻る

『洗練』のための背負投の打込（ケンカ四つ）

1 袖と襟をお互いしっかり取り合う
2 前足（ここでは右足）を踏み込む
3 後ろ足（ここでは左足）を引き付けて回転し始める
4 後ろ足を着地させ、相手にしっかり背を向ける
5 体がのけ反らないよう注意し、背中を密着させて担ぐ
6 投げる直前くらいまで担ぎ、元に戻る

『洗練』のための打込
内股（相四つ・ケンカ四つ）

　次に内股ですが、相手の抵抗が比較的少ないこの状態のときに、跳ね上げる足の位置を正確に把握するよう努めましょう。また、立ち位置から踏み込む際、軸足の向きに注意し、つま先を軸に180度回転できる位置に置くよう意識しておくことが重要です。これらを意識しながら1回1回跳ね上げ、バランスが崩れず、よりスムーズに技に入れる場所で打込を行うことが大切です。

『洗練』のための内股の打込（相四つ）

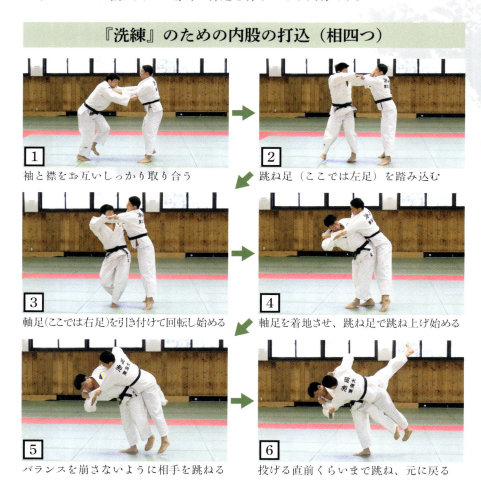

1 袖と襟をお互いしっかり取り合う
2 跳ね足（ここでは左足）を踏み込む
3 軸足（ここでは右足）を引き付けて回転し始める
4 軸足を着地させ、跳ね足で跳ね上げ始める
5 バランスを崩さないように相手を跳ねる
6 投げる直前くらいまで跳ね、元に戻る

『洗練』のための内股の打込（ケンカ四つ）

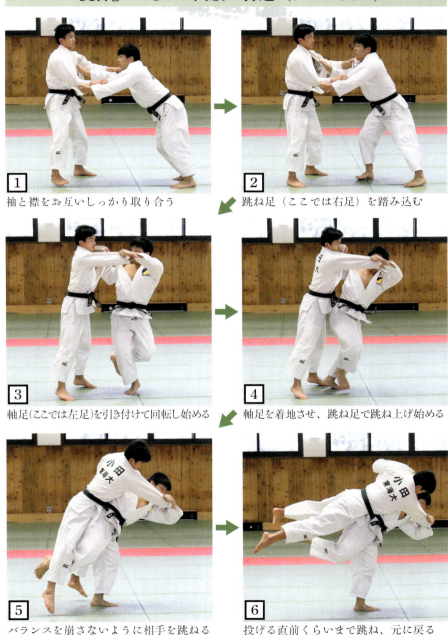

1. 袖と襟をお互いしっかり取り合う
2. 跳ね足（ここでは右足）を踏み込む
3. 軸足（ここでは左足）を引き付けて回転し始める
4. 軸足を着地させ、跳ね足で跳ね上げ始める
5. バランスを崩さないように相手を跳ねる
6. 投げる直前くらいまで跳ね、元に戻る

『洗練』のための打込
大外刈（相四つ・ケンカ四つ）

　大外刈の打込では、相手を刈るとき、刈り足を上げ過ぎずに刈ることを意識しておきます。また刈る際も、刈る位置（膝裏の下付近）を確認しながら行います。『洗練』のための打込では、1回1回技に入ることで、その技の正確さを身につけていきます。どの技であっても、ある程度の抵抗の中、ポイントを押さえてより正確に技がかけられるよう意識して練習に取り組むことが重要です。

『洗練』のための大外刈の打込（相四つ）

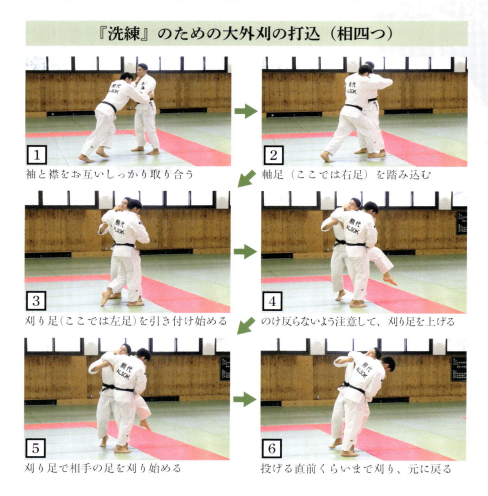

1　袖と襟をお互いしっかり取り合う

2　軸足（ここでは右足）を踏み込む

3　刈り足（ここでは左足）を引き付け始める

4　のけ反らないよう注意して、刈り足を上げる

5　刈り足で相手の足を刈り始める

6　投げる直前くらいまで刈り、元に戻る

『洗練』のための大外刈の打込（ケンカ四つ）

1 袖と襟をお互いしっかり取り合う
2 軸足（ここでは右足）を踏み込む
3 刈り足（ここでは左足）を引き付け始める
4 のけ反らないよう注意して、刈り足を上げる
5 刈り足で相手の足を刈り始める
6 投げる直前くらいまで刈り、元に戻る

洗練から強化へ

　第二段階の『洗練』のための打込の時期が過ぎたら、いよいよ第三段階『強化』のための打込を開始します。練習している技が、この『強化』の時期にきたら、想定するのは試合です。ほぼ実戦に近い形での究極の打込方法と考えてください。繰り返しになりますが、柔道は矛盾の関係性という原理原則がありますので、当然、受ける側も試合のつもりで『投げられるのを防ぐ』ことを念頭に置いて練習しなければいけません。その打込でかけられる技を、どう対処すれば投げられないのか（盾の強化として）考えながら受けましょう。

実戦に近い想定

　ここでは、かける側に気持ちよく技に入らせる必要はありませんし、全力に近い形で防いで構いません。かける側は思ったように技に入れないことになりますが、実戦に限りなく近い想定で行う練習ですから、当然です。そのような状況で、いかに技に入るか。タイミングや力の入れ方、崩し方、技への入り方など、本当に試合で使える技を磨き強化することを目的とします。この打込は多くの選手が嫌がります。その理由として「うまく入れない」「負荷が大きくてきつい」などが挙げられます。そのため、この強化の打込は少ない本数で構いません。お互いに妥協しないことが目的を達成することになります。次項からは、具体的な打込の練習方法を解説していきます。この方法で飛躍的に「矛」と「盾」を強くした代表がウルフアロン選手です。ウルフ選手は特に、受けの部分に不安がありましたが、少しずつ克服していきました。

『強化』のための打込例（大内刈）
（P80 にて詳しく解説）

『強化』のための打込例（背負投）（P82 にて詳しく解説）

『強化』のための打込例（内股）（P84 にて詳しく解説）

『強化』のための打込
大内刈（相四つ・ケンカ四つ）

　ここからは『強化』のための打込を紹介していきます。強化の打込では、より実戦に近い状態なので、技に入ったあと、体のバランスが崩れないよう注意しましょう。ブレてしまうと技の効果がなくなります。

　まず大内刈ですが、相手を刈る瞬間に引手の脇が開かないように注意しながら打込を行うことが重要となります。

『強化』のための大内刈の打込（相四つ）

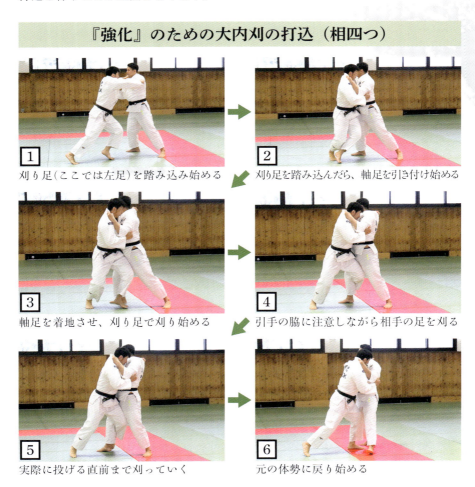

1　刈り足（ここでは左足）を踏み込み始める
2　刈り足を踏み込んだら、軸足を引き付け始める
3　軸足を着地させ、刈り足で刈り始める
4　引手の脇に注意しながら相手の足を刈る
5　実際に投げる直前まで刈っていく
6　元の体勢に戻り始める

『強化』のための大内刈の打込（ケンカ四つ）

1 刈り足（ここでは左足）を踏み込み始める
2 刈り足を踏み込んだら、軸足を引き付け始める
3 軸足を着地させ、刈り足で刈り始める
4 引手の脇に注意しながら相手の足を刈る
5 実際に投げる直前まで刈っていく
6 元の体勢に戻り始める

ADVICE

刈る方向を考えながら練習する

この打込は、投げきるための練習なので技をかけた後のバランスを考えながら投げる方向を定める必要があります。大内刈では相手の軸足の方に刈っていくのか、刈り足の方に刈っていくのか考えながら練習しましょう。

相四つで、自分の釣手側に刈ろうとしている例

ケンカ四つで、自分の引手の方に斜めに押し込もうとしている例

『強化』のための打込
背負投（相四つ・ケンカ四つ）

　『洗練』の打込が、5割から6割程度の抵抗だとしたら、『強化』の打込では、受ける側はほぼ全力に近い抵抗を意識しておきます。相手が踏ん張ることが前提となるため、バランスが崩れないように注意しながら行うことが重要です。

　背負投では、回転して相手に背を向けて技に入ったとき、体がのけ反らないように注意します。のけ反ってしまうと、試合では返されてしまいます。

『強化』のための背負投の打込（相四つ）

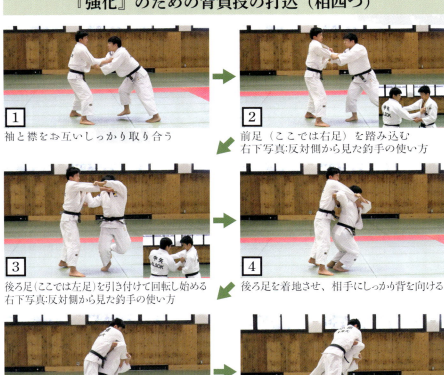

1　袖と襟をお互いしっかり取り合う

2　前足（ここでは右足）を踏み込む
　　右下写真：反対側から見た釣手の使い方

3　後ろ足（ここでは左足）を引き付けて回転し始める
　　右下写真：反対側から見た釣手の使い方

4　後ろ足を着地させ、相手にしっかり背を向ける

5　体がのけ反らないよう注意し、背中を密着させて担ぐ

6　投げる直前くらいまで担ぎ、元に戻る

『強化』のための背負投の打込(ケンカ四つ)

1 袖と襟をお互いしっかり取り合う

2 前足(ここでは右足)を踏み込む
右下写真:釣手の使い方(内に絞り)

3 後ろ足(ここでは左足)を引き付けて回転し始める
右下写真:釣手の使い方(外に開く)

4 後ろ足を着地させ、相手にしっかり背を向ける

5 体がのけ反らないよう注意し、背中を密着させて担ぐ

6 投げる直前くらいまで担ぎ、元に戻る

ADVICE
受けは体が浮き上がらないように

受けは相手が背負いに入ってきたと同時に、体が浮き上がらないよう、腹を出して踏ん張ることを意識しましょう。そうすることで、技をかける側の背負投の威力が増し、強化のための打込が、より充実したものとなります。

左:相手が背負投に入ってきたら
右:腹を出して踏ん張ることを意識する

『強化』のための打込
内股（相四つ・ケンカ四つ）

　次に内股ですが、打込を行うときは、跳ね足で相手を跳ね上げた瞬間、軸足のバランスが崩れないよう心がけます。受けは抵抗しているので、ここでバランスを崩してしまうと、実際の試合では投げるどころか、潰されてしまいます。崩し方や技のかけ方、体の使い方など、どうすればバランスが崩れずに跳ね上げられるか1本1本試しながら練習することが重要です。

『強化』のための内股の打込（相四つ）

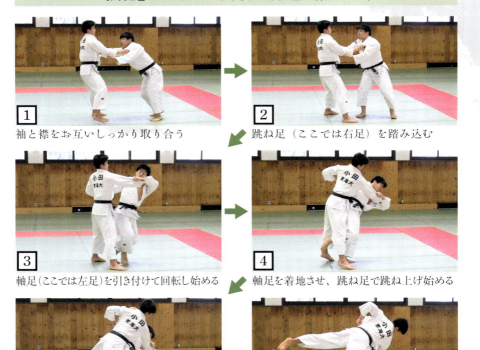

1　袖と襟をお互いしっかり取り合う
2　跳ね足（ここでは右足）を踏み込む
3　軸足（ここでは左足）を引き付けて回転し始める
4　軸足を着地させ、跳ね足で跳ね上げ始める
5　バランスを崩さないように相手を跳ねる
6　投げる直前くらいまで跳ね、元に戻る

『強化』のための内股の打込（ケンカ四つ）

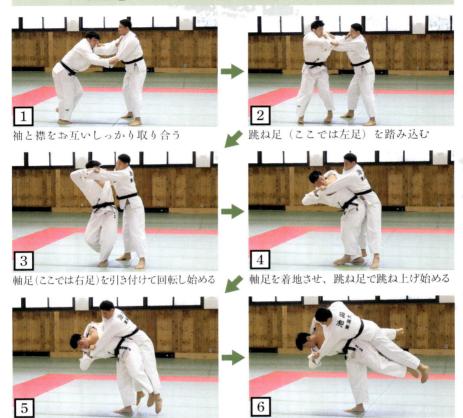

1. 袖と襟をお互いしっかり取り合う
2. 跳ね足（ここでは左足）を踏み込む
3. 軸足（ここでは右足）を引き付けて回転し始める
4. 軸足を着地させ、跳ね足で跳ね上げ始める
5. バランスを崩さないように相手を跳ねる
6. 投げる直前くらいまで跳ね、元に戻る

ADVICE 受けはなるべく両足を上げない

受けは相手が内股に入り、足を跳ね上げてきた際、なるべく両足を上げないように受けることを意識しましょう。そうすることにより、技をかける側の内股の威力が増し、強化の打込が、より充実したものとなります。

相四つで内股を受けるとき、なるべく両足を上げない

ケンカ四つで内股を受けるときも、なるべく両足を上げない

『強化』のための打込
大外刈（相四つ・ケンカ四つ）

　大外刈の打込では、相手を刈るとき、また刈った後に、自分の体が後ろにのけ反らないよう注意する必要があります。『慣れ』のときは受けの抵抗がないので、のけ反らなかったとしても、受けが抵抗すると、その分、のけ反ってしまう恐れがあります。重心が軸足より後ろにならず、必ず前方に来るよう意識して打込を行いましょう。

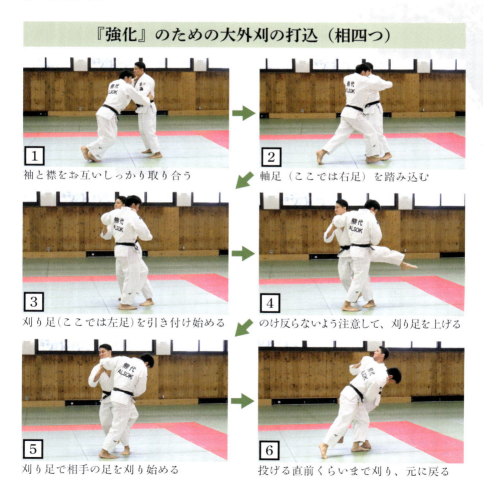

『強化』のための大外刈の打込（相四つ）

1 袖と襟をお互いしっかり取り合う

2 軸足（ここでは右足）を踏み込む

3 刈り足（ここでは左足）を引き付け始める

4 のけ反らないよう注意して、刈り足を上げる

5 刈り足で相手の足を刈り始める

6 投げる直前くらいまで刈り、元に戻る

『強化』のための大外刈の打込(ケンカ四つ)

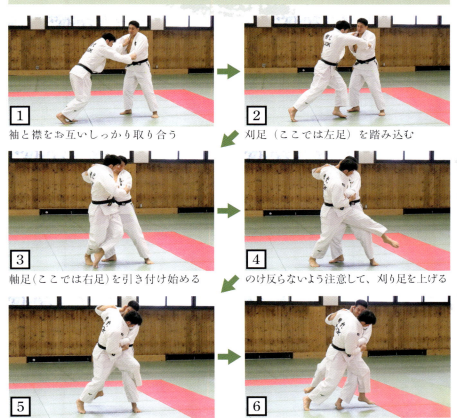

1. 袖と襟をお互いしっかり取り合う
2. 刈足(ここでは左足)を踏み込む
3. 軸足(ここでは右足)を引き付け始める
4. のけ反らないよう注意して、刈り足を上げる
5. 刈り足で相手の足を刈り始める
6. 投げる直前くらいまで刈り、元に戻る

ADVICE
自分に合うかけ方を見つける

大外刈は、釣手を上から被せる大外刈のかけ方と、釣手で下から突き上げるようにかける大外刈の2種類があります。どちらが良い悪いではないので、自分に合ったかけ方を見つけて習得することが重要です。

釣手を上から被せるかけ方

釣手で下から突き上げるかけ方

掛けきりと受けきり

　掛けきりと受けきりとは、一方が技を掛け続け、一方は技を受け続ける練習法です。打込と乱取の中間のようなイメージですが、もちろん技をかける側は、相手を投げることを目標とします。ただし、当然、単純に技を掛け続けるだけ、技を受け続けるだけではありません。『強化』のための打込を進化させた位置づけになるため、受ける側は投げられないように防御し続け、盾を強化させるのも重要な目的のひとつとなります。

掛けきりと受けきりの制限例（技を背負投に限定）

1 受けは浮き上がらないように受ける

2 背負投をかけやすい体勢を作り、何度でもかけるように準備する

3 かける側は、もう一度かけるタイミングを図るために戻る

4 もう一度しかける

5 受けは再度、浮き上がらないように心がける

6 できるだけ腕の力ではなく、下腹を中心とした腰の力で受けるよう工夫する

掛けきりと受けきりの制限例（試合残り時間20〜30秒で大外刈に限定）

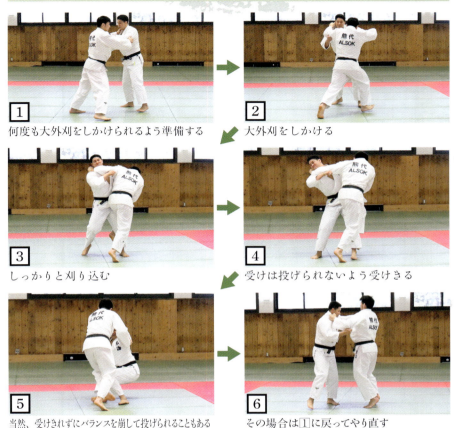

1 何度も大外刈をしかけられるよう準備する
2 大外刈をしかける
3 しっかりと刈り込む
4 受けは投げられないよう受けきる
5 当然、受けきれずにバランスを崩して投げられることもある
6 その場合は1に戻ってやり直す

ADVICE
さまざまな条件を設定して行う

限定する項目は、無限大にあります。ここでは紹介していませんでしたが、時間的な制限（残り時間を設定する等）や、どちらかポイントで勝っているという設定でもいいかもしれません。それらを単体の設定で、あるいはいくつかを組み合わせ、様々なシチュエーションでこの練習を行うことが重要です。

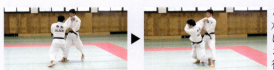

ここでは条件を『小内刈りと背負投の連携』に限定し、得意パターンにつなげる練習を行っている

第2章まとめ

　この章では、主に6区画理論に基づいた効果的な大技（ビッグ6）と小技（スモール4）を解説するとともに、技を習得するための練習である『打込』について詳しく解説してきました。その『打込』は、『慣れのための打込』『洗練のための打込』『強化のための打込』に分けることができ、それぞれの段階、目的に応じて、同じ技の『打込』であっても、まったくやり方が違うということも解説しています。同時に、受ける側の選手についても、目的に応じて『受け方』を変える必要性についても言及しています。

　以下に、第2章で解説したことをまとめました。この章を読んで、今日から皆さんの『打込』練習が、昨日までの『打込』練習とまったく違ったものに変わることを期待しています。

- 『慣れのための打込』は、小中学生の年代や柔道初心者が、正しい技の入り方を覚えるために行う打込である。したがって、年齢で言えば高校生くらい以上の経験年数が多い選手が行う打込とは言えない。
- 『洗練のための打込』は、『慣れのための打込』の段階を過ぎた選手が、その技を洗練させるために行う、一段階レベルを上げた打込である。
- 『強化のための打込』は、文字通り、その技を強化し、実際の試合で投げるようになるために行う打込である。この打込は負荷が大きいので、多くの本数を望まず、1本1本の強さを大事にする。
- 『打込』練習では、受ける側の選手もレベルに応じて対応を変える必要がある。『慣れ』の場合は、3割程度の抵抗となるよう、力を入れすぎず、打込を行うものが正しく技に入れるような受け方をする。『洗練』の場合は、5割から6割程度の抵抗になるようにして、実戦に近づけた状態で技に入るような受け方をする。『強化』では、実際の試合で技をかけられたとき同様、投げられないように我慢する。矛盾の関係性により、打込で技を我慢することで、実際の試合での受けを強化することにもつながる。

第3章

シチュエーションメソッド
組手争いの場面を切り取る

シチュエーションは無限

あらゆるシチュエーションを想定してみる

　2019年3月のある学会での席上、ラウンドテーブルにてパネリストをしていた私に質問がありました。

　「柔道は1日の試合の中で様々なタイプの選手と戦わなければいけないと思います。そして、その中でいろいろな状況が起こります。それらすべてに対応しようと思ったら、何千、何万通りを超える方法を網羅しなければなりません。それは不可能に近い数字であり、それを練習で具現化するのは難しいのではないでしょうか。その中で結果を出されている方法を教えてください」という内容でした。

　この質問は非常に的を射ており、柔道指導者が常に突きつけられる課題と言えます。私がそもそも質を追求しようと考えた要因はここにあり、6区画理論、部分稽古などは、その中で考え出されたものです。状況（シチュエーション）は無限に近く、だからこそ考えた練習がメインにならなければいけないと私は思っています。私はその質問に対して、次項に述べる想像力と分析力の大切さを中心に回答しましたが、改めて考えを整理するきっかけにさせていただきました。

昨日までの対策が今日には古いものになり得る

　東海大学では、様々なシチュエーションに対して、どのように対応していくかという練習を取り入れていますが、極端に言うと、昨日まで行っていた対策法が、今日には古いものとなったので別の対策法に切り替えた、ということが起こり得ます。

　たとえば試合の中で、ある選手が練習していた対策法を用いて対戦したとします。その対策法に対して、相手がその上を行く対策をしてきたため試合に負けたとしたら、これまでの方法では勝てないとなるため、さらに進化させる必要性が生まれます。このことも、シチュエーションを無限にさせる一因です。

　他にもルール改正などがあれば、当然、シチュエーションそのものも変わってきます。代表的なことで言えば、過去の実例として、2012年に直接足を取ることを禁じるルール改正が行われたとき、それまで足を取れていたシチュエーションそのものがなくなってしまいました。その一方で、足を取らずにいかに技に入るか、あるいは防ぐかなどのシチュエーションが追加されることになりました。

　このときにいち早く順応したのが、高藤直寿選手（パーク24）です。彼はそのルール変更から独自の変則気味の移腰（高藤スペシャル）を生み出しました。

その点、彼は発想の天才と言えるでしょう。

シチュエーションを想像し、複雑に進化していく必要性

　一例としてひとつの技しか持っていない柔道家がいたとします。極端かもしれませんが、相手が背負投しか持っていない、背負投以外の技をかけることもない。もし、そう分かっていたとしたら、あなたならどうでしょう。対策しやすいだけでなく、試合中も背負投だけ警戒していれば済むので、勝てる可能性は非常に高いと言えるのではないでしょうか。

　逆に何をしてくるか分からない。技も多く持っている。このような相手では対策も苦慮するはずですし、試合中も何を警戒していいのか分からず、非常にやりにくいはずです。攻めても対応されてしまい、いつの間にか相手の術中にはまっている。これでは結果的に、勝てる可能性も低くなってしまうでしょう。つまり、自分自身が『何をしてくるか分からない、多くの技を持ち、さまざまなシチュエーションに対応できる』選手になることが、試合に勝てる柔道家に近付く道ということになります。

　単純な柔道から、より複雑に進化する柔道へ。無限に広がるシチュエーションを想定し、柔道の幅を広げることが重要なのです。

柔道の幅を広げることを意識した練習が重要

不得手の克服を考える

　本書では、第1章の『自己分析をしてみよう！』（P40）やP48で、自分が苦手としているタイプの克服について解説してきました。苦手、つまり不得手な相手というのは、具体的に言うと、『組手争いで思い通りに組めない相手』の場合がほとんどではないでしょうか。柔道では『組手8割』とも言われるほど、組手争いの良し悪しが勝敗を左右します。

　逆の言い方をすれば、苦手意識を持っていないタイプの場合、組手争いをあまり苦にしていないはずです。自分の組手を作ることができれば、あとはいかに投げるかを考えることになるため、そのタイプに苦手意識を持たずに済む、と言えます。

自分の苦手なタイプに対し、克服することを考える

　つまり、不得手なタイプでも組手争いを優位に進めることができるようになれば、克服できるはずなのです。第3章では、この組手に特化した技術を、タイプ別に詳細に解説しています。もちろん、掲載されているものがすべてではありません。様々なパターンがある中の一部でしかありませんが、本書を参考に、不得手なタイプを克服することを考えるヒントにすることが重要です。

苦手なタイプとの組手や打込などの練習を重ね克服する

　どんなに優秀な選手でも、6区画すべて得意である、と言うことはあり得ません。私の経験上、得意としている区画数が4区画あれば優秀といえるでしょう。つまり2区画は苦手にしている、ということなのですが、これが『苦手』ではなく『得意とは思わない』程度に克服できるだけでも、結果は大きく違ってくるはずです。

　いずれにしても、不得手なタイプを知り、克服するために努力することは、自身の柔道をより高みへと導いてくれることは間違いありません。苦手だからと諦めていないで、克服することを考えましょう。

乱取練習なども含め、どうすれば克服できるか考えながら練習する

応用技術への発展

基本技術だけで試合には勝てない

　第1章と第2章では、柔道における基本的な考え方や基本技術について触れてきました。基本的な釣手の使い方やボックス、相手を6区画に分ける考え方、さらにはビッグ6とスモール4の基本的な技についてなどです。

　ただし、柔道の試合では、基本をしっかり身につけたからといって、すぐに結果が出せる、つまり勝てるとは限りません。なぜなら試合は生き物。相手がいて、様々な動きの中で、状況が変化したり、こちらのやりたいと思っている動きを防がれたりするなど、自分の意のままに試合を進められるわけではないからです。

試合の7、8割を左右する組手

　柔道の試合において、組手争いは非常に大切です。前項にも述べていますが、不利な組手あるいは自分が得意としない組手から技を出すのは、非常に困難です。お互いが不十分であるならまだしも、相手が自分の組手を作った場合は、自分が不十分な組手になっているはずで、これは非常に危険な状態と言えます。組手は勝敗を決する要素の7～8割、場合によっては9割方を占めるとも言われます。

勝敗を決する要素の7～8割を占めるとされる組手争い

基本技術を活かした応用技術の重要性

　自分に有利な組手を作るには、基本技術を駆使しただけでは、なかなか難しいと言わざるを得ません。そこで大切になるのが、その基本技術を活かし、応用発展させること。さらに言うなら、応用発展させるという思考を持ち、実際にそれを実行することです。

　応用はそれこそ無限大の広がりを見せますが、あくまでしっかりとした基本技術という土台があってこそであり、その土台がなければ、発展は難しいと心得ておくことが大切です。

基本を活かした組手への応用

　そこで、この章では組手を中心に、応用技術への発展のさせ方を、いくつかのパターンを例に解説していきます。本書ではページ数の関係で15パターンを紹介していきますが、先ほども触れた通り、応用させる方向は無限大に広がっています。もしかしたら、ここで紹介していない組手の技術をすでに持っていて、試合で駆使している方もいるかもしれません。その場合は、その方法を活かしつつ、他の応用技術を自分のものにできれば、さらにレパートリーを広げることができます。

　技そのものもそうですが、組手を有利にさせる技術も、さまざまなパターンを持っていればいるほど、試合を優位に進めることができます。

基本を活かしながら応用し、自分の組手を作ることが大切

試合場面の切り取り（想像力と分析力）

試合は生き物　常に動いている

　前項でも触れた通り、試合は生き物であり、常に動いています。何度試合を行っても、すべてが同じ状況（シチュエーション）は起こり得ませんし、常に予想外と言うより、予想通りの展開になることがありません。さらに言えば、試合開始から終了まで、常に状況は動き、変化しています。そうした中で『試合場面の切り取り』と言われても、どこをどう切り取ればいいかというのは、慣れていないと難しい問題で悩ましいところだと思います。

練習は試合で起こり得る場面を想定して行う（想像力）

　同じ状況が起こり得ないとは言っても、自分が得意としている区画の相手、あるいは逆に苦手としている区画の相手の場合などで、似たような状況になることは大いにあり得ます。

　例えば苦手なタイプを想定し、試合で起こり得る場面を想像してみましょう。奥襟を取られてしまう、どうしても引手が取れない、先に引手を取られて技をかけられてしまう、釣手を上から殺されてしまうなど、想定される場面はいくつも挙げられるはずです。その克服のためには、想像力を発揮し、苦手なタイプを想定して対処するという目的の元、練習を行うことが大切になります。漠然と練習していても、苦手意識を完全に克服することはできません。そして、いつの間にかやりやすい相手としか練習していないという現象が生まれます。目的が見えないと楽な方に流れてしまうのが、人間の心理なのです。

苦手なタイプを想定し、それを克服すると言う明確な目的を持って練習する

起こり得る場面をどう対処するか考えて行う（分析力）

　想像力を発揮して、苦手なタイプを想定し練習しますが、単にその意識を持って練習するだけでは、克服することはできません。P48でも触れましたが、なぜ相手のその行為（奥襟を取られるなど）を許してしまうのか、なぜこのタイプだと自分がやりたいことができなくなるのか、等の分析が重要です。自分自身を外から観客として見て、評論するような習慣が身につくと、意外と自分の知らなかった自分に気づかされるときがあります。現在は情報化社会で映像を入手しやすいですから、試してみると良いと思います。

　組手の練習であれば、まずはどの区画の相手が得意なのか苦手なのか、次になぜ得意なのか、苦手なのか、最後に苦手部分を分析する。その第一歩として紹介しているのが、ここ第3章のタイプに応じた組手の対応です。組手争いという試合での場面を切り取り、苦手意識を克服していくことを目的としています。

苦手なタイプを想定した組手争いの部分稽古

立技から寝技への移行を想定した部分稽古

ポイントで負けている状態で試合の残り時間を想定した部分稽古（ここでは奇襲技で投げる目的）

組手の対応 1
ケンカ四つ釣手片手攻防 上から（長澤型）

長澤憲大（ナガサワ　ケンタ）　東海大→パーク24
戦績：2018年バクー世界柔道選手権大会　90kg級　銅メダルほか

　ケンカ四つの組手で、引手は一切使わず、お互い釣手のみで、いかに自分の釣手を作るかを競わせる、純粋に釣手のみの強化を目的とした練習です。引手を使わないよう、お互い引手は帯の中に入れて行います。

　ケンカ四つでは、お互い引手が遠くなることから、実際の試合でも先に釣手を取ることが多くなりますが、ここでは釣手を上から取って自分の組手にしていくための攻防を解説します。次の項では、逆に釣手を下から取って自分の組手にしていく攻防を解説しますが、この2つは矛盾の関係性、対になることを覚えておきましょう。つまり練習相手となる一方は、次項の釣手を下から取って自分の組手にしていくことを考えながら練習する必要がある、と言うことです。上から取るだけではなく、いかに自分の組手にするかを考え、強化していきます。この技術を長澤選手が得意にしているため、長澤型と名付けています。

引手を使わず釣手を上から取って組手を作っていく

1 内手首・内肘を使って相手の釣手を押さえる

2 相手が押さえられないように釣手を上げようとする

3 再度、相手の釣手を上から押さえようとする

4 相手はまた下から釣手を上げようとする

5 相手の釣手に顎を乗せる

6 さらに上から再度押さえる

7 上から押さえたら縦手首・縦肘に戻す

8 相手は内手首・内肘を使い、再度侵入しようとする

9 もう一度入れさせないように顎を使って押さえる

10 自分の形をしっかりと整える

ADVICE
両手攻防とも対である

ここでは、次項の『ケンカ四つ釣手片手攻防　下から』と対であると解説しましたが、P104、P106の『ケンカ四つ釣手両手攻防　上から・下から』も、同時に対であると認識しておいてください。両手攻防は引手も加えた、ひとつレベルの上がった練習、という位置づけです。

まずは引手を使わない状態で練習を行う

次に引手の攻防も加えた練習を行う

組手の対応 2
ケンカ四つ釣手片手攻防 下から（長澤型）

　前項に引き続き、ケンカ四つの組手で、引手は一切使わず、お互い釣手のみで、いかに自分の釣手を作るかを競わせる、純粋に釣手のみの強化を目的とした練習です。前項でも触れた通り、ここでは釣手を下から取って自分の組手にしていくための攻防を解説します。この釣手の攻防での合言葉は、上からは「閉じる（とじる）」、下からは「開く（ひらく）」の3文字で表せます。相手は上から取って自分の組手にすることを考えているため、下から取りつつ、いかに自分の組手にできるかを考え、強化していくことが重要です。

　外手首・外肘や内手首・内肘などを効果的に使いながら、相手の釣手を開かせたり自分の肘を潜り込ませるなどして、下から取った釣手を自分が有利な状態になるよう動かしていきます。前項同様、引手を使わないよう、練習する際は引手を帯の中に入れて行いましょう。

引手を使わず釣手を下から取って組手を作っていく

1　内手首・内肘を使い、相手の釣手の上からの侵入を許さない

2　外手首・外肘を使い、自分の釣手を上げるスペースを作る

3　相手が顎を使って押さえようとする

4　再度、外手首・外肘でスペースを作る

⑤ 空いたスペースに釣手を上げる

⑥ 釣手が上がったら相手の鎖骨に釣手を乗せる

⑦ 相手がさらに上から釣手を入れようと試みる

⑧ 釣手が上がらないように、再度、外手首・外肘を使う

⑨ 相手の上からの侵入を許さない

⑩ 縦手首・縦肘で相手の鎖骨に釣手を固定する

組手の対応3
ケンカ四つ釣手両手攻防　上から

　ここでは、ケンカ四つでお互い釣手、引手を持ち合った状態からスタートし、釣手・引手のどちらも神経を配りながら、自分の組手を作る方法を考えて練習します。前項と前々項が上からと下からの対であったのと同様、ここで解説する上からの方法と次項の下からの方法は対であると認識しておいてください。

　ここで行う両手を持った状態では、釣手のみで行った練習よりも一段階レベルの上がった攻防となります。そのため、この練習で自分の形が作れるようになることは、すなわち、自分の技を打てる形を作ることができるようになることを意味します。つまり、試合で勝敗を決する要因の7割とも8割とも言われる組手争いにおいて、かなり有利な状況を作ることができるようになる、と言うことです。そのことを意識して練習に取り組みましょう。

両手を使って神経を配りながら、釣手を上から取って組手を作っていく

引手を引きながら相手の釣手に顎を乗せる

相手はそれを嫌がり、自分の釣手を外に開こうと試みる

上から内手首・内肘を使い、相手の釣手を固定する

相手は再度、釣手を開こうと試みる

⑤ 相手の釣手が使えないように、釣手に顎を乗せる

⑥ 再度、肘を入れ直す

⑦ 相手が釣手を上げようと試みる

⑧ その釣手の上に、開かせないように顎を乗せる

⑨ 顎を乗せた後に、内手首・内肘を使い上から釣手を固定するよう試みる

⑩ 釣手が固定できたら縦手首・縦肘に戻す

組手の対応 4
ケンカ四つ釣手両手攻防　下から

　前項に引き続き、ケンカ四つの組手でお互い釣手、引手を持ち合った状態からスタートします。ここでは、釣手を下から持ち、自分の組手を作っていく練習法を解説していきます。

　下からの釣手を持った場合は、釣手は外手首・外肘や内手首・内肘などを使いながら、相手の釣手の脇を開かせたりして自分の組手を作っていきますが、相手に引手を引かれてしまっては、釣手を作ろうとしたところで、相手の有利な組手になってしまいます。そこで、釣手に意識を配りながら、相手に引手を引かれず、自分の方に引いて脇に固定しておくことが重要です。これらの引手の攻防も行いながら、釣手も自分の形を作っていく必要があるので、この練習で自分の形が作れるようになると、試合でも有利に進めることができるようになります。

両手を使って神経を配りながら、釣手を下から取って組手を作っていく

1 引手を引き負けないよう固定し、下から釣手を上げる準備をする

2 下から釣手を上げようと試みる

3 引手が引かれないよう、自分の方に引き付けておく

4 再度、釣手を上げようと試みる

⑤ 外手首・外肘を使って相手の釣手の脇を開かせる

⑥ スペースが空いたら、外手首・外肘から自分の釣手側の肩を、そのスペースにねじ込むようにする

⑦ ねじ込んだら手首を相手の鎖骨に当てるようにする

⑧ 相手はもう一度、顎と釣手を使い、上から押さえようとする

⑨ 再度、内手首・内肘を使い、相手の侵入を許さないようにする

⑩ もう一度、釣手を上げ直す

組手の対応 5

ケンカ四つ釣手片手ずらし攻防（ウルフ型）

ウルフアロン　東海大→了徳寺大学職員
戦績：2017年ブダペスト世界柔道選手権大会　100kg級　金メダルほか

　ここでは、ケンカ四つで相手の釣手を自分の引手で持った状態からスタートします。そして相手の釣手をずらし、自分の引手で相手の釣手を殺しながら距離を詰める練習です。ここで取り組む組手は、主に接近戦に持ち込むための組手なので、ポイントでリードされていたり、試合終盤で思い切った勝負に出なければならない状況で使う組手であることを覚えておきましょう。要は、負けている状況で残り時間も少なく、接近戦に持ち込んで逆転を狙いたい場合などに用いる組手ということです。この組手はウルフ選手が得意としている形としてウルフ型と呼んでいます。この練習も、次項とは対になっていますので、しっかり認識した上で練習に取り組んでください。

　次項で解説しますが、相手は釣手を殺されないようにしますので、その攻防の中で、いかに自分の組手を作っていくのかを考えながら取り組みましょう。

相手の釣手をずらし、引手で相手の釣手を殺して距離を詰める

1 自分の引手で相手の釣手を押さえる

2 引手を持ったら、相手の肩越しに釣手を回す

3 そのまま自分の方に手繰る

4 より密着できるよう心がける

5 相手が下がろうと試みる

6 スペースが空かないように、再度密着し直す

7 相手が再度、それを嫌がる

8 相手がこちらが持った引手を切ろうと試みる

9 引手で持っている手を離さないようにする

10 再度、密着する

ADVICE
密着するために必要なこと

ここでは相手との距離を詰め、密着することが求められます。そこで、相手と密着するためには、自分の引手で相手の釣手を引き寄せたとき、写真のように引手を自分の腹付近に固定できるよう心がけることが重要です。

引手を自分の腹付近で固定させれば、相手と密着できる

組手の対応 6

ケンカ四つ釣手圧力から引手の取り方（永瀬型）

永瀬貴規（ナガセ　タカノリ）　筑波大→旭化成
戦績：2016年リオ五輪　81kg級　銅メダルほか

　前項に引き続き、ケンカ四つで今度は相手が自分の釣手を引手で押さえた状態からスタートしますが、相手が自分の釣手を殺して引き付けようとすることを防ぐ練習となります。前項では、接近戦に持ち込んで逆転を狙いたい場合の組手であると解説しましたが、こちら側からすれば、自分の方が展開としては有利な状況であると言えます。そこで、相手が引手を使って自分の釣手を切ろうとする場合は、自分の引手で両襟を掴む形にして、釣手を切られないようにすることが重要です。

　相手はこちらの釣手を切って自分の方に引き寄せようとし、こちらはそれをさせまいとして、引手も使って釣手を殺されないようにする、この攻防の場面は、世界で戦う上でとても重要と私は認識しています。この攻防に特に優れている永瀬選手の名前をお借りして、永瀬型と呼んでいます。相手に釣手を殺されないようにするにはどうすればいいかなどを考えながら、練習に取り組みましょう。

相手が釣手を殺して引き付けようとするのを、引手を使って防ぐ

1 相手は自分の釣手を引手を使って押さえ、引き付けようとする

2 引き付けられそうになったとき、自分の引手で襟を押さえる

3 相手が自分の釣手を切ろうとするときに、両襟を持って我慢する

4 再度、相手は釣手を切ろうと試みる

⑤ 両襟を使って我慢する

⑥ 切られてしまい、引き付けられそうになる

⑦ 引き付けられそうになっても、再度、立て直す

⑧ 再度、釣手を作り直して切られないようにする

⑨ 両襟を握りながら自分の釣手を保つ

⑩ 釣手を保ったら引手に持ち替える

組手の対応 7
相四つ袖引手切られない攻防（片手）

　ここからは相四つの組手となります。まずは引手のみで行いますが、一方（こちら）が引手を握り、切られないようにします。もう一方（相手）は取られた引手を切ろうとする、切る切られないの攻防ということです。

　引手を握っても、それを切られてしまうと、軸となる手を失ってしまうことになるので、いかにして引手を押さえ続けられるかを課題にした練習法と言えます。切る側は、相手に引手を取られたときに、いかにして切るかを考えながら行うことが重要です。

　引手を握っている側は、できるだけ引手を自分の方に引き、腹に近い位置で固定できるよう心がけ、その状態を続けられるよう努めます。切られてしまったら、すぐに引手を握り直し、同じように続けます。

釣手は使わず引手を握り、切られないようにする

1 袖引手をしっかり持つ

2 相手はそれを切ろうと試みる

3 できるだけ自分の腹の方に引いておく

4 相手が再度、切ろうと試みる

5 できるだけ自分の腹に引き付けるようにする

6 再度、相手が切ろうとする

7 自分の腹を使って引手を固定する

8 できるだけ引手を抱き込むような形を試みる

9 相手はさらに切ろうと試みる

10 自分の引手を離さない

> **ADVICE**
> 引手を引いて姿勢を崩さない

握った引手を切られないようにするためには、引手をできるだけ自分の方に引き、脇を締めておきましょう。相手に引かれてしまうと、簡単に切られてしまいます。また、姿勢を崩さないように心がけておくことも重要です。

引手をできる限り自分の方に引き寄せて、脇を締めておく

組手の対応 8
相四つ袖引手切られない攻防（両手）

　前項では、片手のみで引手を切る、切られないの攻防を解説しましたが、ここでは釣手も使って引手を切る、切られないの攻防を練習します。一方（こちら）は袖の引手を持ち、もう一方（相手）が襟の引手を持った状態からスタートします。

　相手側は、襟の引手を軸として釣手を切ろうと試み、こちら側は、引手を切られないように引手を固定し、釣手で相手の横襟（奥襟でも可）を握ります。握ると同時に、少しずつ自分の方へ手繰り寄せるように心がけます。

　この練習も、対の法則が成り立ち、どちらか一方の練習ということではなく、切ろうとする側も、切られまいとする側も、その目的をしっかり意識して、いかに切るか、切られないかといったことを考えながら、練習に取り組みましょう。

両手を使って相四つに組み、引手を切られないようにする

1 自分の引手をしっかり持っておく

2 相手が切ろうと試みる

3 切られないよう自分の方に引いておく

4 さらに相手は切ろうと試みる

5 引手を切られないようにしながら、釣手を持てる位置を探す

6 隙を見て釣手を持ちに行く

7 上から被せるように釣手を持つ

8 釣手を持ったら自分の方に手繰る

9 釣手が持てなくても再度試みる

10 釣手を持ったら、再度手繰り寄せる

組手の対応 9
相四つ襟引手持ち合う攻防

　ここでは相四つで、一方（こちら）が襟の引手を持ち、もう一方（相手）が袖の引手を持った状態からスタートします。袖を持った相手の引手を使わせないようにしながら、こちらの襟を持った引手を駆使して釣手を作る練習となり、前頁の組手の対応8と攻防が入れ替わります。

両手を使って組み合い、襟引手を持って釣手を作っていく

1 襟引手を持ち、相手に持たれた釣手を切る準備をする

2 襟引手で相手を突きながら、相手の引手を切る

3 相手の引手を切ったと同時に、相手に釣手を被せる

4 釣手を被せたら、すぐに手繰り寄せる

⑤ 相手は再度、自分の釣手を切ろうと試みる

⑥ もう一度、襟引手を使い、相手の引手を切る準備をする

⑦ 自分の釣手の肘を曲げながら、相手の引手を切る準備をする

⑧ 襟引手で相手を突きながら、相手の引手を切る行為を行う

⑨ 相手の引手がずれたと同時に、自分の釣手を相手に被せる

⑩ 釣手を被せたら手繰り寄せる

ADVICE
自分の釣手の位置をよりよい位置にする

袖を持った相手の引手を、いかにして使わせないようにするか考えながら練習しましょう。使わせないようにするためには、自分の釣手の位置を、より良い位置を持てるようにすることが重要となるので、どの位置が的確か考えながら行います。

釣手がより良い位置を持てるよう考えながら練習する

組手の対応 10
相四つ両者袖引手持ち合う攻防

　ここでは相四つでお互いが袖の引手を持ち合った状態からスタートさせます。そして、互いにいかに自分の引手を固定させながら相手の引手をずらし、釣手の良い部分を持つか考えて練習します。これまでの組手の部分稽古では、互いに別のこと、あるいは対になる動きを行っていましたが、ここでは両者が同じ着地点を目的とした練習となり、どちらがより有利に展開できるかを競うことになります。

　この攻防では、袖を握っている握りの強さを意識させながら、両者が自分の引手の安定する位置を探すことを求めます。これまでも再三触れてきましたが、引手は最終的に自分の腹につけ、固定できるようにすることが望ましく、お互いが引き合いながら、いかに固定させるかを考えて練習に取り組みましょう。

引手を持ち合い、自分の引手を固定させて相手の引手をずらす

お互い袖引手を持った状態からスタートする

引手を切られない準備をする

自分の引手を軸としながら、相手の引手の軸をずらす

相手も同じように軸をずらそうと試みる

⑤ 再度引手を切られないように軸を作り直す

⑥ 引手を軸にしながら、相手の軸をずらす

⑦ 相手の引手を切る

⑧ 引手を切ると同時に、自分の釣手は相手を被せるように持つ

⑨ 釣手を持つと同時に、自分の方に手繰り寄せる

⑩ その際、引手が自分の体から離れないように心がける

STEP UP
引手だけでなく釣手も意識する

本文でも触れましたが、引手は最終的に自分の腹につけて固定させることを考えましょう。また、引手を固定しながら、一方では自分の得意な釣手の位置を持つことも目的としますので、引手だけでなく、釣手にも意識を向けておきます。

釣手も自分の得意な位置を持てるよう意識して練習する

組手の対応 11

相四つ釣手引き寄せ・顎乗せ攻防（阪本型）

阪本健介（サカモト　ケンスケ）　東海大→了徳寺大学職員
戦績：2015年全日本学生柔道体重別選手権大会　100kg級　優勝ほか

　ここでは区画A、つまり相四つの高身長の相手に対して、相手が奥襟を取ろうとするケースを想定した組手の練習となります。実際の試合でも、体格差がある場合では、大きい方の選手が小さい選手の奥襟を取ろうとするケースは非常に多く見かける光景です。そのため、この部分稽古で奥襟を取られないようにする技術を身につけておくことは、非常に意味のあることです。逆に、大きい側の選手は、奥襟を取らせまいとする相手に対し、いかにして奥襟を取るか、ということを考えながら練習しておきます。

　相手が奥襟を取ろうとしたとき、襟引手を使って間合いを取りながら、相手の釣手の上に顎を乗せて、自分の引手を袖に持ち直し、釣手を使わせないように心がけることがポイントになります。この技術は本学OBの阪本選手が得意だったため、阪本型と名付けています。

高身長の相手に対し、奥襟を取らせないよう間合いを取る

1 相手に引手を引き付けられないように、襟引手で突いて間合いを取る

2 間合いを取ると同時に、相手の釣手の上に顎を乗せる

3 顎を乗せ、自分の体重をかける準備をする

4 体重をかけながら、顎と引手側の肩で相手の釣手を固定する

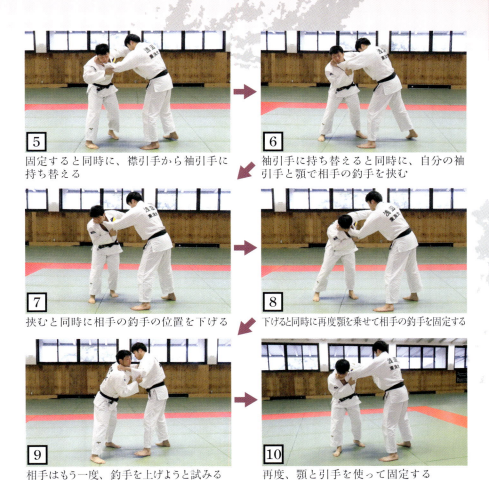

5 固定すると同時に、襟引手から袖引手に持ち替える

6 袖引手に持ち替えると同時に、自分の袖引手と顎で相手の釣手を挟む

7 挟むと同時に相手の釣手の位置を下げる

8 下げると同時に再度顎を乗せて相手の釣手を固定する

9 相手はもう一度、釣手を上げようと試みる

10 再度、顎と引手を使って固定する

ADVICE
長身選手には引きつけられないように注意する

相四つの長身選手に奥襟を持たれて引き付けられてしまうと、そこから間合いを取るのも難しく、苦戦は免れません。顎を乗せながら袖の引手を持ち、正方形ボックスを作って間合いを取ることを心がけましょう。

相手の釣手の上に顎を乗せる

正方形ボックスを作って間合いを取る

組手の対応 12

相四つ引手持ち釣手・手繰り攻防（ベイカー型）

ベイカー茉秋（ベイカー　マシュウ）　東海大→日本中央競馬会
戦績：2016年リオ五輪　90kg級　金メダルほか

　ここでは相四つでの組手争いですが、お互いが釣手、引手を持ち、しっかりと組み合った状態からスタートさせます。一方（こちら）は釣手を手繰り、引手を自分の方に引き付けて固定し、外手首・外肘または逆手首・逆肘を使いながら、釣手の位置を上げるようにして手繰り寄せていきます。

　一方、相手はこちらの釣手を上げさせまいとして、顎を使って下げさせ続けようとします。この攻防でも、対の法則は意識しておきましょう。釣手を手繰ってなるべく上のいい位置を持とうとする行為に対し（こちら側）、釣手を上げさせず下げさせ続ける行為（相手側）、という図式です。この技術はベイカー選手が秀でていたので、ベイカー型と名付けています

相四つで組み合い、釣手を手繰って引き付け位置を上げていく

1 お互いに相四つで袖引手を持ち合い、釣手を手繰る体勢を作る

2 相手が顎を使い自分の釣手を固定しようと試みる

3 相手が顎と引手で自分の釣手を挟み込む

4 挟み込むと同時に、自分の釣手を下げようと試みる

5 釣手を下ろされないよう、肘を曲げ、釣手の高さをキープする

6 逆手首・逆肘を使う準備をする

7 逆手首・逆肘を使い、相手の顎を上げながら釣手の高さを上げる

8 相手は再度、自分の釣手に顎を乗せ、それを防ごうとする

9 顎を乗せられそうになった瞬間に、再度、逆手首・逆肘を使う準備をする

10 再度、釣手手首の位置を上げる

ADVICE
釣手を固定されないよう動かしておく

相手がこちらの釣手の顎を乗せて釣手を下げさせようとするので、自分の釣手を固定されないよう、手首を動かしておくことが重要です。その際は、特に外手首・外肘、逆手首・逆肘を使って対処するのが有効です。

相手が釣手の上に顎を乗せてくる

外手首・外肘を使って対処する

逆手首・逆肘も効果的に使う

組手の対応 13

相四つ釣手持ち・動かす攻防（片手・秋本型）

秋本啓之（アキモト　ヒロユキ）筑波大→了徳寺大学職員
戦績：2010年東京世界柔道選手権大会　73kg級　金メダルほか

　ここでは相四つで、一方（こちら）が釣手を持ち、もう一方（相手）が引手を持った状態からスタートします。なお、片手だけの攻防となるため、お互い、もう一方の手は帯の中に入れて使わないようにしておきます。

　こちら側は、内手首・内肘を効果的に使いながら、相手の引手をずらすよう心がけます。一方の相手側は、こちらの釣手の動きを固定させるよう心がけ、自分の引手を切られないようにします。この練習も、あくまでも対の法則です。釣手を持った場合は、どのように動かせば相手の引手をずらせるかを考えながら練習します。一方の引手を持った場合は、どうすれば相手の釣手の動きを固定できるのか、また、引手を切られないようにするにはどうすればいいのか、ということを意識しながら練習しましょう。この釣手を動かしながらずらす技術は、秋本選手が得意だったため、秋本型と名付けています。

相四つで一方が釣手、一方が引手を持ち、お互いが自分の有利な形を作る

1　釣手をしっかりと持ち、外手首・外肘を使う

2　内手首・内肘を使い、相手の引手を折るよう試みる

3　再度、外手首・外肘を使う

4　内手首・内肘に戻す

5 再度、外手首・外肘を使う

6 少しずつ相手の引手をずらす

7 内手首・内肘に戻す

8 相手の引手がほぼ利かない状況に持ち込む

9 相手が引手を持ち直そうとする

10 再度、内手首・内肘を使いずらそうとする

ADVICE
相手の釣手をずらすことを考える

この練習で釣手を持つ側になった場合、内手首・内肘と外手首・外肘を効果的に使いながら、どうすれば相手の釣手をずらすことができるのか、考えながら練習しましょう。

内手首・内肘を使って引手を動かす

外手首・外肘も効果的に利用する

組手の対応 14
相四つ釣手持ち・動かす攻防（両手・秋本型）

前項では相四つで一方（こちら側）が釣手を、もう一方（相手側）が引手を持った状態で組手の練習を行いました。ここでは、前項で行ったことを利用して、同様の目的をお互い両手をしっかり持ち合った状態で行います。

お互い、釣手を固定されないようにしながら、引手をずらされたり切られないよう注意しなければならず、前項よりもレベルの上がった攻防を繰り広げることになります。

この練習では引手をいかに自分の方に引き付けて固定できるか、というのが課題になります。ここでも対の法則は当てはまるので、逆の言い方をすれば、お互い引手を固定されないように注意しなければいけません。これらを意識しながら練習しましょう。

相四つで組み合い、引手を引き付けて固定し、相手の釣手を固定させる

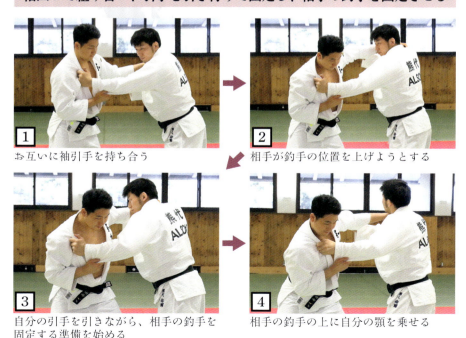

1 お互いに袖引手を持ち合う

2 相手が釣手の位置を上げようとする

3 自分の引手を引きながら、相手の釣手を固定する準備を始める

4 相手の釣手の上に自分の顎を乗せる

5 相手の釣手を固定したのちに、釣手の内手首・内肘を使う準備をする

6 釣手の肘を内側に思い切り入れ込む

7 肘を入れ込むのと同時に、外手首・外肘を使い釣手の肘を外に開く

8 釣手を縦手首・縦肘に戻す

9 再度、内手首・内肘を使い、肘を内側に入れ込む

10 釣手の肘を外手首・外肘を使って外に開くことを繰り返す

組手の対応 15
相四つ両者胸突き釣手攻防（山下型）

山下泰裕（ヤマシタ　ヤスヒロ）　東海大学
戦績：1984年ロサンゼルス五輪　無差別級　金メダルほか

　ここでは区画A（またはC）の組み合わせ、つまり相四つの高身長（もう一方から見たら低身長）の相手に対して、お互いが襟引手を持ち合った状態からスタートします。高身長の側は、自分の釣手を高く持ち、相手を引き付けることを心がけます。

　一方の低身長の側は、襟引手で間合いを保ちながら、自分の釣手は下から割りながら、相手の首根っこを押さえるよう心がけます。そして、首根っこを押さえたと同時に相手の釣手に顎を乗せながら、袖引手に持ち替えて相手を固定するよう試みます。ボックスを潰して引き付け一直線を作ろうとする高身長VS間合いを保ちながら引手を固定しようとする低身長、という図式です。このことを意識しながら練習を行いましょう。この釣手を下から割って入れる技術を、山下氏が得意であったため、山下型と名付けています。

高身長対低身長の相四つで、高身長は一直線を、低身長は間合いを保つ

1　相手が襟引手で自分を突き、間合いを取ろうと試みる

2　相手の襟引手を自分の釣手で上から押さえようと試みる

3　下から釣手を割り込むようにする

4　相手が割り込ませないように襟引手を閉じる

5 下から割ったと同時に、釣手の高さを肩の位置より上にあげる

6 釣手の位置を作ると同時に、自分の顎を相手の釣手の上に乗せる

7 釣手に顎を乗せると同時に、襟引手から袖引手に持ち替える

8 顎と引手の肩で相手の釣手を固定する

9 相手の釣手を下におろす

10 下におろしたら、再度顎で固定する

ADVICE
釣手に顎を乗せて袖引手を持つ練習

この練習で低身長の側は、必ず相手の釣手の上に顎を乗せて、袖引手を持つことを重要視しておきます。この形にいかに持ち込むかを課題とした練習ということです。また、袖引手を持ったとき、切られないように注意しておくことも重要です。

必ず相手の釣手の上に顎を乗せて行う

第3章 シチュエーションメソッド 組手争いの場面を切り取る

第3章まとめ

　この章では、勝敗の8割方を決する要因と言われる「組手」に特化して解説してきました。組手は基本的には自分が有利になる形を求めていくわけですが、相手も同じように考えています。その中で、得意な形、苦手な形を良く認識して、様々な相手に使い分けられるようにしておくことが重要です。ここでは、ケンカ四つと相四つに分けて、それぞれに適した組手を構築するための組手争いについて言及しています。初めからすべてをうまくこなせるということはありませんから、焦らずに1つひとつ対処できる力を養いましょう。

　また、組手の攻防は常に表裏一体です。有利から不利へ、不利から有利へと瞬時に様変わりしていきますから、頭の中をより柔軟にしておくことも大切になります。

- 初めは難易度の低い方法から始めていきましょう。特に釣り手手首の使い方（4方向）の技術をマスターできることが望ましいです。

- 片手の攻防は両手の攻防への布石になります。まずは片手で対処できるようにしてから、より難易度の高い両手での対処に移行しましょう。

- 組手の攻防は全身運動です。腕のみの攻防と見受けられがちですが、頭、顎、肩、腹、下半身など、自分の安定性を求めるため多くの部位を使えるようにしましょう。

第4章

シチュエーションメソッド
立技からもつれた場面を切り取る

無秩序の中の秩序を作る

試合は無秩序である

　皆さんは、自分の思った通りの流れ、展開で試合を進め、結果的に勝てた経験があるでしょうか？　稀にそのような経験がある選手がいたとしても、多くの選手は、思った通りの展開で試合を進めることは難しいのではないでしょうか？　ルールという枠内で、様々な状況に遭遇し、想定外のことが起こるなど、法則性のない無秩序な展開になることがほとんどだと思われます。それが相手とのコンタクト競技である柔道のおもしろさであり、難しさでもあります。

試合でいちばんやってはいけないことは自分を見失うこと

　試合中、何をやっても技がかからない。それどころか、自分の形で組ませてもらえず技を出すこともままならない。もう残り時間も少なくなっている。さらに、ポイントで負けているなどの状況が重なったとき、皆さんは何を考えるでしょうか。勝つための術を、建設的に考えることができるでしょうか。多くの場合、焦りなどで自分を見失ってしまうはずです。こうなってしまうと、ただ闇雲に前に出たり、むやみに技をかけたりして、逆に投げられてしまうなど、たいていの場合、結果は良くありません。

　武士が刀をなくし、矢も尽えた状態となって、うろたえてしまうのと同じことで、この状況では希望など持てるはずもないことは、想像に難くありません。

流れのひとつのパターンとして小内刈りから

背負投に移行させるのも効果的と言える

自分の得意とするパターンは秩序である

　それでは、試合に勝つためにはどうすればいいでしょうか。たとえば自分の得意技やそれに持ち込むためのパターンを持っている場合、それにはめ込めば、技が出しやすくなります。パターンとは秩序であり、一定の法則性を持つことで、自信を持って試合を進めることができる、一種の精神安定剤になります。

　つまり、無秩序な法則性のない柔道の試合において、秩序という自分の空間を作り出せれば、技につながる確率を高くすることができるわけです。当然、その『空間』のパターンは多ければ多いほど、様々な状況に対応できるようになり、勝利に近づく、というわけです。偶発性から必然性への転換とも言えます。

術を多く持ち、やるべきことを最後まで見失わない

　では、必然性を増やすには、どうすればいいでしょうか。答えは、より多くの術を持つことです。術とは手段、方法、あるいは策略、計略の意味も含まれますが、ここでは『自分の秩序』、すなわち『自分の得意とするパターン』です。分かりやすく数で例えるなら、10のパターンを持っていたとして、7つまで試したけれど投げれなかった。それでもあと3つのパターンがあれば、やるべきことが明確となり、自分を見失わずに済みます。

　特に勝敗を大きく左右する組手において、さまざまな相手や状況下も、柔軟に対応して制することができれば、勝利が近づくと同時に、自分を見失うことなく試合を進められます。組手の応用技術をひとつでも多く身につけ、『秩序』のレパートリーを増やしましょう。

別のパターンとして、支釣込足で相手の重心を移動させておいて

大外刈を打つのも効果的な流れと言える

柔道版戦術的ピリオダイゼーショントレーニング（部分稽古）

ピリオダイゼーショントレーニングとは

　ここでは私がヒントをいただいた方法論を簡単に紹介します。ですので、この項に興味のない方は、次項に移っていただいてまったく構いません。

　少し柔道から話は逸れますが、「ピリオダイゼーショントレーニング」と言う言葉を聞いたことはあるでしょうか？　ピリオダイゼーショントレーニングとは、簡単に言うと『試合などの目標に対して、タイミングや期間などに応じ、トレーニング内容や負荷を変化させる』トレーニング方法です。試合のない期間と試合前、あるいは試合後にそれぞれ応じて、体への負荷を考えたトレーニングを行うということで、いかに試合に合わせてベストコンディションを作るか、と言うことが大前提になります。

戦術的ピリオダイゼーション理論とは

　『戦術的ピリオダイゼーション理論』とは、その提唱者であるビトール・フラデ教授が理論的にサッカーを分析・研究した末に生まれた『理詰め』のトレーニング理論と言われています（バルサ流トレーニングメソッド　村松尚登著　アスペクト　P16引用）。簡単に言うと"サッカーはサッカーをすることによって上達する"というコンセプトで成り立っています。読者の皆様は「そんなことは当たり前じゃないか」と思われるでしょう。しかしながら、サッカーのトレーニングにおいても、はじめはサッカーの上達を目指すために始めたものが、いつの間にかトレーニングのためのトレーニング、試合でまったく生かされないトレーニングにすり替わっているケースがあるということなのです。

　サッカーにおいても技術・戦術・体力・精神力が4大要素と言われており、その要素をいかに試合に生かし勝利を目指すかが課題となります。この点、柔道の心・技・体に通じるものがあると言えるでしょう。そのため、たとえばプロサッカーのチームはシーズン前に必ずキャンプを行いますが、初日から3〜4日はフィジカルトレーニングと称して「より逞しい体力を身につける」ことを目的に走り込み等、きつめのメニューをこなしたりします。それ自体、悪いとは言いませんが、はたしてそれがサッカー自体の上達につながるかは疑問です。「きついときにそれが生きる」「ケガを防ぐためには必要だ」との声もあるかもしれませんが、

むしろそのようなトレーニングをサッカーボールを使った技術・戦術要素も含めて伸ばしていくことができれば、より効率化を図れ、理想的と言えるでしょう。この理論を用いているのが、名将と言われるグアルディオラ氏やモウリーニョ氏です。

柔道版戦術的ピリオダイゼーショントレーニング

サッカーにおける戦術的ピリオダイゼーション理論では、技術・戦術・体力・精神力それぞれに特化したトレーニングを推奨していません。バラバラに切り離してトレーニングしても実戦的ではないという理由です。それぞれの要素を総括的に捉えて戦術を向上させて初めて、試合に活かされるとしています。

少し難しいですが、私なりに解釈し柔道版戦術的ピリオダイゼーショントレーニングとして、東海大学に取り入れたのが、部分稽古を中心とした練習になります。この部分稽古ではできるだけ技術、戦術練習が体力、精神力に波及していく効果を狙っています。そして、より試合で使える技術、戦術を磨きながら、合わせて必要な体力と精神力をできるだけ同時に強化していくことを目的としています。そうすることで漠然としたものを排除し、質の強化を図りながら、効率化を図れるように取り組むことができるのです。

また、様々なシチュエーションを切り取った『部分稽古』を行うことによって乱取や試合において、より円滑に進められるように苦手な部分を強化する訓練になります。そのひとつが、前項で解説したシチュエーションを想定した『組手の対応』であり、そこからさらに発展させたのが第4章の状況別の部分稽古になります。そのことも意識しながら次のページから目を通してください。

試合でのシチュエーションを切り取った部分稽古の例

立技からもつれた場面を切り取る

柔道の試合は寝技からは始まらない

　みなさんは普段の練習の中で、基礎的なトレーニングや打込、乱取、あるいは寝技の練習などを行っていると思います。この寝技の練習というと、どのようなものを思い浮かべるでしょうか。背中を合わせて座った状態から始めたり、どちらかが仰向けで引き込んだ状態、あるいは四つ這いの状態から始める、といったところが一般的かと思います。この方法は寝技自体の技術を磨くには適していますが、実戦で使えるかというと、もう一工夫が必要になります。

　これまでの経験を思い返してみてください。実際の試合の中で、相手が仰向けになり、どちらも道着を掴んでいないという状況があったでしょうか？　もちろん、寝技に移行する過程で、相手が四つ這いになり防御の姿勢を取ってしまうことはありますが、最初から四つ這いで防御の姿勢を取っていることはあり得ません。

　試合では必ず立技からスタートし、そこから寝技への移行が始まるのです。

寝技は必ずもつれて移行する

　柔道の試合では、投げても一本にならなかった場合や、どちらかが技をかけて潰れた場合、あるいは巴投などの引き込む技が決まらなかった場合など、立技から寝技に移行する場面が必ず出てきます。いずれにしても、寝技に移行する際、『立技でもつれて寝技に移行している』ことは間違いありません。そう考えると、先ほど述べた寝技練習だけでは、現実離れしていると言えるでしょう。

うつ伏せの相手を脇掬いで返して抑え込むシーン

起こり得る場面を切り取り、より多くの攻め方を確立する

　東海大学では、様々な状況を切り取った部分稽古のひとつとして、この立技から寝技への移行、というものも取り入れています。立技から寝技への移行と言っても、種類はさまざま。一本にならなかった場合を考えても、技の種類や相手、あるいは自分の体勢などによって、次に取るべき動きは違ってくるはずです。分かりやすく言うなら、相手が仰向け状態と腹ばいでは、寝技に入る際のアプローチそのものが違います。また、相四つで組んでいたのかケンカ四つだったのかによっても、違いは出てきます。

　このように、試合で起こり得るシーンを想定し、投げて潰れた瞬間から、あるいは相手が腹ばいになった瞬間からなどのシーンを切り取って、抑込や関節技に移行する練習をしておくことも重要です。仮に同じ状況を想定したとしても、ひとつの方法で寝技に持ち込もうとするだけでなく、より多くの攻め方、方法を確立しておけば、実際の試合でも攻めあぐねる、ということがなくなります。

立技と寝技は続いていることを意識する

　この立技から寝技へ移行する状況の切り取りは、単に寝技での攻め方というだけでなく、立技でもつれた瞬間、スムーズに寝技に移行する意識を養うことにも役立ちます。立技と寝技は一見、別のもののように捉えられがちですが、実際の試合では『ここまでは立技』『ここからは寝技』と分かれているわけではありません。審判が『待て』を宣告しない限り、試合は続いているのです。

　試合では、必ずと言っていいほど訪れるので、『単に寝技のためだけの練習』をするのではなく、様々な設定の中で、より効果的な崩し方や返し方、抑込に持ち込むまでの技術などを身につけましょう。

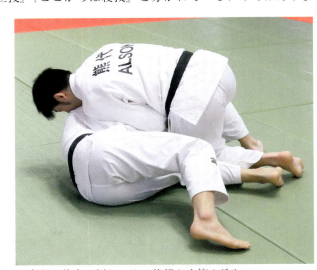

小内刈で後方に倒し、その状態から抑え込むシーン

足抜き（基本）

　投技で投げてから寝技に移行する際や、もつれて倒れた場合、あるいは抑込に入ろうとするのを阻止する場面など、試合で多く見られるのが、下になった選手が両足で相手の足を絡む場面です。この状態をすぐに抜け出せないと、せっかく抑込に入ろうとしていても、審判の「待て」がかかってしまい、絶好の機会を逃すことになります。この場面で確実に抑えることができる、できないでは、当然、試合結果に大きな差が出てくることになります。

　そこで、ここでは投げてから寝技に移行する方法というよりは、足を絡まれた場合の基本的な足抜きを練習していきます。下になっている受けの選手は、上になっている取りの選手の片足を両足でしっかりと挟み込み、上から挟んでいる側の足首（ここでは左足）を、下の足の膝裏でロックした状態からスタートさせます。この足抜きの基本形態を身につけて、試合に活かせるようにしましょう。

足抜きからの抑込（基本）

1　横四方固の体勢を作りながら、相手に足を絡ませる

2　上半身で相手の顔と肩を固定する

3　固定したのち、相手の足を外しにかかる

4　絡まれた足の膝を抜く

5 膝が抜けたと同時に、再度、上半身で相手を極め直す

6 抜いた足の膝を自分の体側に折り曲げる

7 折り曲げると同時に、反対側の足で相手の足を外しにかかる

8 絡んでいる足のふくらはぎに、絡まれていない方の自分の足のつま先を入れ込む

9 足を外して横四方固に抑える

10 相手が逃げることを想定しながら、上半身の重心を安定させる

足抜き（応用〜立技からの移行）

前項では基本的な足抜きの方法を解説しましたが、ここでは立技からつないで絡まれた足を抜くシチュエーションを作ります。立技の種類は取りを行う者が試合でよく使う技で構いませんが、倒れたときに足を絡まれる状況を考えると、足技が相応しいでしょう。自分の得意技で相手を倒したとき、足を絡まれた状況となり、そのまま抑込につなぐという意識を持って練習を行います。

もちろん、立技をかける際は試合のイメージそのままに、本当にその技で一本を取るつもりで投げましょう。一本にならなかった場合に備え、間を空けることなく抑込に移行するという意識を植え付けることも重要となるからです。ここでは例として、支釣込足からの応用を紹介していきます。

立技からの足抜き

ケンカ四つでお互いに組み合う

攻める側が支釣込足をしかける

支釣込足で投げる

4

投げたと同時に足を絡ませる

5

受ける側はしっかりと足を絡む

6

攻める側は上半身で相手の首と肩を固定させる。以降の手順は前項の5以降と同じ

ADVICE
上半身に重心を乗せ、内ふくらはぎを蹴る

足を絡まれた場合は、相手の上半身、特に顔と肩にしっかりと重心を乗せて、相手が逃げにくい状況を作るよう心がけましょう。また、足を抜くときは、絡んでいる相手の内ふくらはぎを蹴るイメージだと、抜きやすくなります。

上半身に重心を乗せて逃げにくくさせる

絡んでいる足の内ふくらはぎを蹴る

脇掬い(基本)

　相手がうつ伏せになる状況というのは、足抜き同様、試合ではよく見られるシーンと言えます。相手が払腰などの技をかけて、そのまま潰れてしまった場合などです。このような状況では、上から相手の脇を掬う方法が圧倒的に有利なので、脇掬いの技術を身につけ、このようなシーンで確実に抑え込めるよう、反復練習をしておきましょう。

　脇掬いでよく見られる悪い例として、脇を掬ったあと、相手を横に捻って返そうとする方法です。これではこちらの力を利用して、相手が反対側に逃げてしまうので、コントロールが効かず、抑え込むことが難しくなってしまいます。脇掬いは、相手を横に捻るのではなく、相手の体勢を固定したまま自分自身が相手の横に移動し、胸を合わせながら押し込むことを心がけましょう。この方法であれば、全身の力が伝えやすくなるため、比較的簡単に相手を返すことができるようになります。

脇掬いからの抑込(基本)

1　ここでは左手で相手の帯を握り、右手で脇を掬いながら相手を固定する。その際、右手は左手の前腕部を持ち、しっかりと脇を締める

2　攻める側は相手の上半身を固定しながら、少しずつ横に移動する

3　相手はひっくり返らないよう踏ん張る

4　横に移動しながら少しずつ体重をかける

5 相手が横倒しになったと同時に体を密着させる

6 相手は反対側に逃げる準備をする

7 胸を合わせながら、反対側にひっくり返さないよう相手をコントロールする

8 少しずつ下に沈み込みながら、密着度を増していく

9 相手の動きに応じて、少しずつ体勢を整える

10 上半身を固めながら横四方固に抑える

脇掬い（応用〜立技からの移行）

　前項では基本的な脇掬いの方法を解説しましたが、ここではその応用として、立技から相手が潰れたシチュエーションを作り、その流れのまま脇掬いに移行させる部分稽古を行います。移行する際は、取りを行う者が試合でよく使ったりする得意なパターンから相手を潰す流れで構いません。ここでは例として、小内刈からの応用を紹介していきます。

　なお、相手が潰れるシチュエーションは、前項でも触れたとおり、相手が技をかけて潰れてしまう、というパターンも存在します。ここで例とした足払からの移行だけとは限らないので、さまざまなシチュエーションを想定して練習することが重要です。

立技からの脇掬い

相四つから小内刈で相手を前に潰す

すかさず右手で脇を掬う

脇を掬ったと同時に左手で帯を持つ

第4章 シチュエーションメソッド 立技からもつれた場面を切り取る

[4] 帯を持ったと同時に右手で左手の前腕部を持つ

[5] 両脇を閉じながら相手の上半身を固定する

[6] 固定したら横に移動する準備を始める。以降の手順は前項の[5]以降と同じ

ADVICE
固定が最重要ポイント

脇掬いでは、相手を固定しておくことが成功させる最重要ポイントとなります。脇を掬った手で、帯を持った手の前腕部をしっかり握り、脇を締めながら固定しておくことが重要です。これで相手の腕（脇）を固定できます。

脇を掬った手は、帯を持った手を握り、しっかり固定させておく

胸合わせ（基本）

　相手が仰向けになり、こちらと胸が合うような状況になるというのは、小内刈や大内刈で投げたあとに見られるシチュエーションです。この状況も、足抜きや脇掬いと同じように、試合でよく見かける場面と言えるでしょう。そこで、ここでは基本的な胸合わせからの抑込を解説していきます。

　まずは基本的な抑込までの流れなので、ここでは立技からの移行は考えず、小内刈や大内刈で倒した後を想定して、引手と釣手をしっかり持った状態からスタートし、慌てることなく胸を合わせながら抑えることを心がけて練習しましょう。

　相手と胸が合うまでは、引手、釣手ともに離さず、胸が合った後に離して、帯または首を持ちながら横四方固に、あるいは状況に応じて上四方固に変化させていくことが重要です。

胸合わせからの抑込（基本）

1 引手と釣手を持ち、両脇を絞めた体勢からスタートする

2 徐々に体を下に沈み込ませる

3 沈み込みながら胸を合わせにいく

4 胸と胸を合わせるまで両手を離さない

5 相手は抑えられないように逃げる

6 逃げられそうになっても慌てない

7 胸が合ったら引手を離し、帯に持ち替える

8 帯に持ち替えると同時に横四方固に入る準備をする

9 釣手を離し、脇を掬う

10 相手の動きに応じて、重心を固定させる
右下写真：別角度から見る固定

胸合わせ（応用〜立技からの移行）

　前項でも触れた通り、胸合わせの状態は小内刈や大内刈で相手を倒したときに多く見られるシチュエーションです。そこで、ここでは応用として、小内刈で投げてからスタートする胸合わせからの抑込を紹介します。

　実際の試合はもちろんですが、立技からの応用で練習する際、重要なのは釣手、もしくは引手を離さないことです（ここでは両手を離さない）。これは相手を投げきる重要なポイントとなるので、実際の試合を意識しながら、一本を取ること、そして一本にならなかった場合の寝技への移行を意識して練習を行うことが大切です。練習のための練習であってはいけません。まずは投げきって一本を取る意識を、一本にならなかったら続けざまに寝技に移行する、という意識を持っておくことが重要です。

立技からの胸合わせ

1　小内刈をしかけて相手を投げにかかる

2　投げたとき、引手と釣手を離さないよう心がける

3 両脇を締める

4 相手は逃げ始める

5 相手の動きに応じて、徐々に抑えにかかる。以降の手順は前項の6以降と同じ

NG! 重心が高く、乗り過ぎると返される

胸合わせでは、慌てて抑え込もうとすると、上半身の重心が高く乗り過ぎてしまい、相手に逆側にひっくり返されてしまう恐れがあります。上体をなるべく低く保つとともに、重心が乗り過ぎないよう注意しておきましょう。

慌てて抑え込もうとして重心が高いままでは

相手に逆側にひっくり返される危険性が高い

第4章 シチュエーションメソッド 立技からもつれた場面を切り取る

相四つ腹ばい（支釣込足からの移行）

　ここでは、相四つの相手に対し支釣込足をかけて、相手が腹ばいに潰れた状況を切り取った部分稽古を行います。相四つで相手が四つ這いになったときは、釣手を残しながら、すかさず相手の肩を潰し、上四方固に移行するのが得策です。
　この際、相手を潰した瞬間に、自分の釣手の脇が締まっていることがポイントとなります。相四つでは、相手を潰したときに釣手が残るケースが多いため、釣手を残しながらの連絡を考えることが重要となります。

相四つの支釣込足で相手が腹ばいになった状態から寝技への移行

1 相四つで支釣込足を打つ

2 相手が潰れたときに釣手を離さない

3 釣手を引きながら相手の上半身を固定させる

4 相手の上半身を固定させながら、相手の右肩を潰しにかかる

5 肩を潰したと同時に、釣手を引きながら相手の頭側に移動し始める

6 徐々に相手の上半身に圧力を加える

7 少しずつ胸を合わせにかかる

8 相手が逃げる動きに合わせながら、少しずつ上四方固に極める

9 相手は逃げることを心がける

10 相手の上半身を極めながら上四方固に抑える

相四つ腹ばい（払腰潰してからの移行）

　前項では、こちらの支釣込足で相手が腹ばいになるシーンを切り取りましたが、ここでは、相四つの相手が払腰をかけて、それを潰して相手が腹ばいになるシーンを切り取ります。相手を前方に潰し、釣手を残しながら寝技に移行させる方法です。相手を前方に潰すため、潰した瞬間は後方からかぶさるような形になるので、そこから横に移動し、ここでは最終的に上四方固で抑え込むまでを解説していきます。

　ここで大事なのは、相手となる選手も本当に払腰で投げるつもりで技をかけることです。技を掛ける側は投げて抑え込むことを意識すれば、この練習がより実戦に近づきます。そのため、受ける側は移行することを意識しすぎてしまうと、投げられてしまう可能性が出てくるので注意しておきましょう。

相四つの払腰を潰し、相手が腹ばいになった状態から寝技への移行

①相四つで相手が払腰をしかける

②払腰で投げられないよう注意しながら、相手を前に潰す

③相手の右肩を潰しにかかる

④相手の肩が潰れたと同時に、相手の頭の方に移動を開始する

5 少しずつ密着する

6 徐々に相手の上半身に圧力を加える

7 少しずつ胸を合わせにかかる

8 相手が逃げる動きに合わせながら、少しずつ上四方固に極める

9 相手は逃げることを心がける

10 相手の上半身を極めながら上四方固に抑える

相四つ腹ばい（背負投受けてからの移行）

　ここでは相四つの相手が背負投を仕掛け、それを受けて潰した部分稽古を行います。背負投を受けたあと、相手を絞めながら抑技に移行する練習となるので、そのことを意識しておきましょう。

　前項の払腰を潰してからの寝技への移行でも触れたとおり、背負投で投げられてしまわないよう、まずは受けることを重視しておきます。そしてしっかりと受けて、絞めに持ち込むことが重要です。逆に、背負投を掛ける側は、投げて抑える練習を意識します。

　ここでは最終的に上四方固で抑え込むところまでを解説していますが、受けたあとの絞めで「参った」となりそうであれば、そのまま絞めに移行しましょう。試合であることを想定すれば、勝てる機会をわざわざ逃して、次の技に移行する必要はありません。もちろん、相手の抵抗の仕方によっては、上四方固ではなく横四方固に移行した方が良い場合もあります。

相四つの背負投を受け、相手が腹ばいになった状態から寝技への移行

1 相手が相四つで背負投をしかける

2 背負投を受けると同時に、釣手で絞めを狙う

3 釣手の脇を締めながら釣手と肩で相手の顔を挟み込み固定する

4 固定しながら、少しずつ前方に移動する

5 前方に移動しながら相手に圧力を加える

6 絞めの圧力を加えながら、相手がひっくり返ってくるのに合わせて抑える準備をする

7 徐々に上四方固に極める

8 相手が反対側に逃げようとすることを想定しながら胸を合わせる

9 少しずつ上四方固に極める

10 自分の脇で相手の顔を潰しながら上四方固に極める

ADVICE 釣手の脇を締め、即座に絞めに移行する

相四つの相手に背負投をかけられた際、受けるときは自分の釣手の脇をしっかりと締めておくことが重要です。また、即座に絞めに移行することが重要なポイントとなりますので、それを念頭に置いて練習に励みましょう。

背負投を受けたとき、自分の釣手の脇を締めておく

ケンカ四つ腹ばい（大腰・内股からの移行）

　次にケンカ四つで大腰あるいは内股を仕掛けて、相手が前方に潰れ、腹ばいになった状況を切り取った部分稽古を行います。ここでは大腰を例に挙げていますが、寝技に移行する際に、よりスムーズに進められるよう意識しておきましょう。
　相四つでは釣手が残ることが多いのですが、ケンカ四つの場合は、逆に引手が残るケースが多くなるため、引手を残しながら移行する方法を増やせるよう心がけましょう。

ケンカ四つの大腰・内股で、相手が腹ばいになった状態から寝技への移行

1 ケンカ四つで大腰を打つ

2 相手はこらえて腹ばいになる

3 引手を引きながら相手の上半身に圧力をかける

4 圧力をかけながら、徐々に相手の頭側に移動する

5

移動しながら少しずつ密着する

6

相手が反対側に逃げることを想定しておく

7

胸を密着させながら、上四方固に抑える準備をする

8

釣手側の手で相手の帯を持つ

9

帯を持ちながら上四方固に極めにいく

10

腹で相手の顔を潰しながら上四方固に極める

NG! 引手を離すと寝技に移行しにくい

大腰、内股からの移行に限らず、ケンカ四つのケースでは、引手を離さないことを意識しておきましょう。もちろん、練習のときだけではなく、実際の試合でも同様です。引手を離してしまうと、寝技への移行がスムーズにいかなくなります。

相手が潰れたときに引手を離してしまうと

寝技に移行するのが難しくなってしまう

ケンカ四つ腹ばい（内股潰してからの移行）

　ここではケンカ四つの相手が内股をしかけてきた際、それを前方に潰しながら寝技に移行させる部分稽古を行います。この場合では、相手が内股をしかけてきた相手の勢いを利用し、引手を引いてそのまま横四方固に移行することを目指します。

　この第4章で紹介している他の状況では、相手の抵抗の仕方によって、解説しているような手順ではなく、柔軟に対応していくことも考えられます。しかしこの場合は、相手の勢いを利用してそのまま抑込に持っていく方法であるため、手順通りにできるようになることが望ましいと言えます。もちろん、実際の試合では、同じような動きにはならないかもしれません。それでも、一連の流れから相手の勢いを利用した抑込の方法を知っておくことは、必ずプラスになるので、しっかり覚えましょう。

ケンカ四つで相手の内股を潰し、腹ばいになった状態から寝技への移行

ケンカ四つで相手が内股をしかける

内股で投げられないよう受けながら、相手を前に潰す

引手をしっかりと引いておく

引手を引きながら相手の左肩を潰し、体を回転させるようにする

5 体をしっかりと密着させる

6 引手を引きながら、相手を自分の方に引き寄せる

7 相手を引き寄せながら、横四方固に抑える準備をする

8 自分の胸と相手の胸をしっかりと密着させるようにする

9 胸を密着させると同時に、釣手側の手で帯をしっかりと握る

10 そのまま横四方固に移行する

ADVICE
相手の勢いを利用する

ここでは内股を例にしましたが、払腰も同様で、技を受けた直後というのは、相手が技をかけた勢いがあるので、その勢いを利用しない手はありません。勢いを利用して、引手を使って相手をひっくり返すことを心がけましょう。

技をかけた勢いも利用して返す

ケンカ四つ腹ばい
（小外刈→内股切り返してからの移行）

　ここではケンカ四つの相手が小外刈をしかけてきた際、それを内股で切り返し、寝技に移行させる部分稽古を行います。この状況も、実際の試合では、よく見かける場面のひとつではないでしょうか。

　この状況のときは、相手の小外刈を内股で切り返す際、引手を離さずに、そのまま寝技に移行できるよう、相手の技に対して投げられないよう心がけておくことが重要です。逆に、相手は小外刈で投げて抑え込むことを目指して仕掛けることが大切になります。もつれ際の想定で互いに体のバランスを強化する上で、有効な方法と思われます。

ケンカ四つで相手の小外刈を内股で返し、相手が腹ばいになった状態から寝技への移行

1 ケンカ四つで相手が小外刈をしかける

2 相手の小外刈を内股で切り返す

3 相手は腹ばいで逃れる

4 相手の左肩を潰しながら引手を引く

5 体をしっかりと密着させる

6 引手を引きながら、相手を自分の方に引き寄せる

7 相手を引き寄せながら、横四方固に抑える準備をする

8 自分の胸と相手の胸をしっかりと密着させるようにする

9 胸を密着させると同時に、釣手側の手で帯をしっかりと握る

10 そのまま横四方固に移行する

ADVICE
相手が潰れたときも引手を持っておく

この状況では、内股で切り返す際に相手の引手を離さないようにすることが重要ですが、相手が潰れた際にも、しっかりと引手を持っておくことを心がけます。引手を離してしまったり切られてしまうと、寝技につながりません。

相手が潰れたときも引手を離さない

引手を離すと寝技につながらない

巴投・引き込み（潰してからの移行）

　ここでは相手が巴投をしかけたところを利用して抑込に移行する部分稽古を行います。抑込に移行する際には、胸合わせの状態になりますので、この章の前半で解説した胸合わせの応用という位置づけです。この状況も、実際の試合では、比較的見かける場面のひとつではないでしょうか。

　他の状況のときにも再三触れていますが、相手の技で投げられてしまっては寝技に持ち込めないので、まずは投げられないよう、しっかり受けることを第一に考えて練習に臨みます。相手の巴投をしっかり受けて、上から素早く寝技で抑え込むことを目標にしてください。

相手の巴投・引き込みを潰した状態から寝技への移行

1　ケンカ四つで相手が巴投をしかける

2　巴投で投げられないように、しっかりと巴投を受ける

3　引手と釣手の両方を締める

4　両脇を閉じながら胸を合わせにかかる

5 相手は抑えられないように逃げる

6 逃げられそうになっても慌てない

7 胸が合ったら引手を離し、帯に持ち替える

8 帯に持ち替えると同時に横四方固に入る準備をする

9 釣手を離し、脇を掬う

10 相手の動きに応じて、重心を固定させる

NG! 足をまたげないと、胴体を両足で絡まれる

巴投を潰したとき、相手の足をまたげないと、左写真のように両足で胴体を絡まれてしまい、寝技への移行が難しくなります。相手を潰したら、右写真のように相手の足をまたいだ形で胸合わせに移行しましょう。

足をまたげないと両足で絡まれる

足をまたいで胸を合わせる

第4章 まとめ

　この章では、立技から寝技に移行する瞬間を想定し、寝技だけではなく、技をかけてもつれた場面、あるいは相手の技を潰してから、抑込に持ち込むまでを解説しています。試合では、いきなり寝技から試合が開始されるということはあり得ず、その前には必ず、どちらかが技をかけているはずです。こちらがかけた場合でも、相手の技を潰した場合でも、その瞬間から、寝技へと移行していきます。

　そこで、まずは足抜きや脇掬いなどの、寝技に持ち込むための基本技術を知った上で、実際に技をかけ、潰れてから抑え込むという応用技術へ発展していきます。技術面はもちろんですが、心の切り替え、攻める姿勢の継続性という側面も含め、スムーズに寝技に移行できるよう、練習することが重要となります。

- 相手に足を絡まれる、相手が四つ這い（またはうつ伏せ）になる、相手と胸が合った状態でもつれる、という3つの状況は、実際の試合でよく見かける、もつれた後の状態です。この状態から素早く寝技に移行させるには、『足抜き』『脇掬い』『胸合わせ』の基本技術が必須です。

- 寝技に移行する前のもつれた状態というのは、相四つなのかケンカ四つなのかによっても違いがあり、またもつれた状態を作った技によって違ってきます。そのため、組手の種類や技を特定して練習を行う必要があります。

- 投技で相手を投げたあと、寝技に移行する連続性や攻める姿勢の継続性という面において、「一本か!?」と言ったような心理が邪魔をし、瞬間的に集中力が途切れてしまうと、抑込のチャンスを逃すことにもつながります。そのため、相手を投げた場合であっても、継続性を保つ意識を植え付ける、と言う目的も持ちながら練習する必要があります。

第5章

シチュエーションメソッド
試合場所・展開別の場面を切り取る

3つの基本シチュエーション
（場所・ポイント差・試合時間）

あらゆるシチュエーションを想定してみる

　第3章では、さまざまなタイプを想定した組手の作り方を解説してきました。そして第4章では、立技から寝技に移行する場面を切り取りましたが、実際の試合ではさらに、状況によって戦い方を変える必要が出てきます。代表的なものとしては、試合場の中央なのか場外を背負った（または相手が背負った）場所なのか、開始直後なのか残り時間が少ないのか、ポイントでリードしているのかリードされているのか、と言ったことです。これらの違いによって、試合の進め方は変化してくるはず。つまり、ポイントでリードされてしまった場合、試合開始直後と同じ気持ちのまま試合を継続することは難しい、と言うことです。

　そこで、この章では、試合場のコーナーでの攻め、ポイントでリードしている場合の対処、ポイントでリードされている状況で残り時間が少ない場合の3つの状況を代表例として切り取り、試合の進め方や対処法など解説し、その練習方法を紹介していきます。

コーナーに追い込んだ場面で必要なこと

　試合で相手をコーナーに追い込んだ場合、相手は場外に出てしまうのを嫌うため、回り込んで体を入れ替えたり、広い場所に移動したいという心理が生まれます。

　追い込んだ側からすれば、まずは小内刈などの後ろに崩す技で攻め、その反動を利用して得意技につなげることを考えたいところです。次に、相手が回り込みたい心理を逆手に取って、重心を移動させた瞬間、または実際に動いた瞬間を狙い、支釣込足や足払などで投げることを考えておくと、一本を取れる可能性が高くなります。

相手を場外際に追い込んだ場面を切り取る

ポイントでリードしている場面で必要なこと

試合の経過時間に関わらず、ポイントでリードした場合は、相手に投げられないように注意しておくことはもちろんですが、一方で、審判の目（心証）に対しても意識を向けておく必要があります。分かりやすく言うと、リードを守ろうとする意識が強すぎて、投げられることを恐れ逃げてばかりいると、せっかくリードしていても、指導を受けてしまう、ということです。それを防ぐために相手が出てくるところを利用して投げることを考えて試合を進めることも重要です。リードを守った方がいいと判断した場合であっても、攻める姿勢を見せておくことは、審判の視点から身を守る意味でも重要です。

ポイントでリードした場面を切り取る

時間的制約のある場面で必要なこと

残り時間が少ない状況でリードされている場面を切り取る

コーナーなどの試合場所やポイント差の他に、試合では残り時間も大切なシチュエーションとなります。ポイントで負けていて残り時間がない場合などは、特に焦って我を忘れてむやみやたらに攻めてしまう選手も多いのではないでしょうか。

そのようなことがないよう、残り時間というシチュエーションも加え、『ポイントで負けている状態で残り30秒』などの設定で、どのような攻めが効果的なのかと言ったことを練習し、対処法を蓄積させておくことも重要です。

相手の心理状態を探る（洞察力を磨け）

シチュエーションの想定と同時に相手の心理を探る

　前項では、シチュエーションを想定した練習の重要性について解説しました。このシチュエーションを想定した練習では、単に状況を設定しただけでは不十分と言わざるを得ません。実際の試合を考えてみてください。先にポイントを取られてしまった場合と取った場合を比較しただけでも、心理状態は全く違っているはずです。心理状態が違えば、当然、体の動きやその後の試合の展開などにも影響が出てきます。

　そこで、シチュエーションを想定した部分稽古では、相手の心理状態を探ることも意識しておきます。実際に設定したシチュエーションに身を置き、『ポイントで勝っている』『ポイントで負けている』といった気持ちを想定して練習することが重要になってきます。その中で、置かれている状況や相手の動き、表情など、あらゆる面を観察し、相手を洞察する能力も養っておきましょう。

動きや表情などから、相手の心理状態を探ることも意識して練習する

洞察するポイント

　相手を洞察する場合、具体的にはどの部分に重きを置くのかは、重要なポイントです。相手が平常心で落ち着いているのか、逆に平常心を保てず慌てているのか、何を狙っているのか、何を待っているのかなどの心理状態を探り、状況を作っていくといいでしょう。練習でこれらを訓練しておくことで、実際の試合でも、自然と相手を観察して試合展開に反映させることができるようになります。

ポイント差による心理状態も探ってみる

相手あるいは自分が場外を背にした場合の心理状態も洞察してみる

対の法則の応用（投げ→反則、反則→投げ）

防御を固められた場合の対処

　試合をしていると、相手が投げられるのを防ごうと防御を固めることがあります。これもシチュエーションのひとつですが、このような場合に無理に投げようとすると、返し技で逆に投げられてしまう可能性が高くなります。前項では状況を洞察することを解説しましたが、相手が防御を固めている場合には、無理に投げることを考えず、流れを作ることを考えることも重要となります。積極的に攻めるなどして自分が有利になる体勢を作り続けることを意識して試合に臨めば、相手が不利な体勢が続くことになり、結果的に相手に反則が積み重なっていきます。そのような状況を作ることを考えるのも、試合に勝つためには必要であり、反則を重ねた相手が慌てて出てきたところで、その心理を利用して投げることを考えればいいのです。

流れを考えた上で、攻める態勢を作り続ける

有利に戦っていることを審判に印象付ける戦い方

　投げた場合の『一本』あるいは『技有』といった判定の基準は比較的明確ですが、反則の与え方は不明確な場合が多いと思われます。指導が与えられそうだと思っても与えられなかったり、またその逆の場合もあります。その違いは、審判に与える『印象』という要素が関係していることは、重要なポイントとしてあげられるでしょう。積極的に攻めているのか、消極的な姿勢なのか、逃げてばかりなのか、投げるつもりで技をかけているのか、攻めているように見せているだけなのか。これらは戦っている選手の動きや表情などから、審判が独自に判断しているわけです。

　そういう意味では、自分が有利になる体勢を作り続け、攻めの姿勢を見せておくことは、審判に『有利に戦っている』と印象付けるためにも重要になってきます。審判と戦っているとは言いませんが、審判が判定することを考えると、『心象』を考慮した戦い方、試合の進め方を身につけておくことも、試合に勝つためには必要なことと言えます。

攻めて自分が有利に戦っていると印象付けることも大切

場外際に追い込んだ場面
コーナーでの攻撃

　ここでは場外際のコーナーに相手を追い込んだ場面を切り取り、攻め方を練習していきます。場外際に追い込まれると、自ら場外に出たくないという心理が働くため、相手は前に出ようとするか、回り込んで体を入れ替える、あるいは回り込んで広い場所に移動することを考えることが多くなります。

　そこで、ひとつの攻めとしては、小内刈や大内刈など、相手を後方に崩す技で攻め、その反動を利用して一本を狙う、または場外に押し込むのが効果的と言えます。相手が回り込もうとしているのであれば、重心が移動した瞬間、あるいは実際に動いた瞬間に合わせて、支釣込足や足払などの横に投げる技を打つのが効果的と言えます。

相手の動きを利用して技をかける

1 少しずつ相手を場外際に追い込む

2 相手が自分の引手側に回り込もうとする瞬間に小内刈をしかける

3 引手、釣手の両脇を締め、コントロールできるようにしておく

4 投げきるところまで意識する

相手の心理を洞察して投げる

1. ケンカ四つで相手を少しずつ場外際に押し込む
2. どちらに回り込まれてもよい準備をしておく
3. 相手が釣手側の方に移動する
4. 移動したと同時に支釣込足をしかける
5. 上半身をしっかり固定しておく
6. 最後までしっかりと極める

ADVICE
引手側・釣手側のどちらでも技がかけられるように

場外際の攻防は、柔道では多く見受けられるシーンと言えます。そのため、相手が自分の引手側・釣手側のどちらに移動しても技をしかけられるような技を持っておくことと、心の準備をしておくことが重要です。

リードした場面

相四つ・ケンカ四つにおいて相手の技に対応できる体勢の構築（受けの安全性）

　ここでは、ポイントでリードした場面を切り取って、相手に対応するための体勢の作り方、言い方を変えると相手の技を受けたときに安全性が保てる体勢を作っておく練習を行います。実際の試合では、チャンスがあれば投げることを考えますが、ここではあくまで安全に、しかも審判に逃げているように見られない受け方を構築することを目的とします。

　相四つ、ケンカ四つの両方で行い、相手がどのタイプであっても、しっかりと対応できる技術を身につけておきましょう。

相四つでの対応できる体勢の構築

リードした場面でのよい体勢の例

頭が下がってしまう悪い例

上体が伸び上がった悪い例。伸び上がると受けが安定せず、逆転を許す可能性が出てくる

ケンカ四つでの対応できる体勢の構築

①上体を低くして相手との距離を保つ

②自分の間合いが取れて、安定した体勢が作れる

頭が下がった悪い例

状態が伸び上がった悪い例

ADVICE
安定する体勢を普段から心がけておく

試合でリードすると、誰もが勝ちたいと思うのは当然のこと。そのときに自分が安定する体勢を知っておくと、心の拠り所になります。現代のルールは、逃げることが許されないルールになっているため、いかに自分が安定する体勢を作れるかも課題となっています。

普段からそのことを踏まえた練習をしておいて、実際の試合で安定する体勢を作れるようにしておきましょう。

リードされた場面 1
相四つ・ケンカ四つにおいて、無理をしながらも攻める体勢の構築

　前項では、リードした場面において安全に対応できる体勢の構築に関して練習しました。ここからは逆に、相手にリードされた場面を想定した練習を行います。リードされた場合、当然、攻めに転じなければいけませんが、不用意に前に出てしまうと、相手の術中にはまる危険性があります。

　そこで、不用意ではなく、それでいて前に出て攻める姿勢（無理をして攻める姿勢）を構築して技に入る流れを作る練習を行います。

相四つでの攻める体勢の構築

相手とより密着することを心がける

その際、できるだけ沈み込みながら相手との密着を図る

伸び上がって密着を図ると上体が浮く

上体が浮くと相手に投げられる可能性が高くなる

ケンカ四つでの攻める体勢の構築

相手とより密着することを心がける

伸び上がらないように心がける

伸び上がってしまうと上体が浮く

上体が浮くと相手に投げられる可能性が高くなる

ADVICE　無理をする練習を取り入れておく

リードされている場面では、無理をしなければいけなくなります。当然、イチかバチかの勝負となりますが、それでも勝てる確率を上げるためには、『無理をする。自分の柔道スタイルを崩して技に転じる』という練習を取り入れておくことも重要です。このように、イチかバチかの勝負であっても、より勝てる確率を高められる練習を心がけておくことで、実際の試合で追い込まれても、執念を持ち続けられるようになるのです。

リードされた場面2
ケンカ四つでの奇襲攻撃（隅返）

　ここからはポイントでリードされた場面を切り取って練習していきます。単にリードされた設定ではなく、より追い込まれることの多い残り時間が少ない状況を設定します。この状況下では、逆転を狙った奇襲攻撃をしかける練習を行いますが、まずはケンカ四つからの隅返から解説していきます。

　逆転を狙う奇襲攻撃なので、積極的に相手と密着すること心がけましょう。その際、ウルフ型（P108）の組手を使うと有効です。瞬時に上から相手の背中を取って引き付け、相手を巻き込むように回転し、投げ終わりには、必ず抑込に移行する意識を持っておきます。

積極的に相手に密着し、瞬時に隅返で投げる

① ケンカ四つで相手との距離を縮める

② 自分の引手で相手の釣手を持ち、相手が間合いを取れないようにする

③ 距離を縮めたら、自分の刈足を相手の股の間に入れながら踏み出す

④ 刈足を踏み出すと同時に隅返を打つ

5 技をかけているときに、引手と釣手が離れないように注意する

6 最後まで極める

7 投げたあとに手を離さないよう注意する

8 引手を持ったまま寝技に移行する準備をする

9 相手を引き寄せながら横四方固に移行する

10 横四方固に極める

リードされた場面3
ケンカ四つでの奇襲攻撃（肩車）

　ここではケンカ四つの相手に対し、奇襲攻撃として肩車をしかける場面を切り取って練習します。前項の隅返でも、この肩車であっても、次項以降で紹介する奇襲技であっても同じことが言えますが、受ける側の選手は、相手が技をかけてきたからといって、投げられる必要はありません。受ける側もそれを防ぐ訓練になるからです。ここで行う練習は、技そのものの『かけ方』の練習ではなく、あくまで残り時間が少ない状況下での攻め方のひとつとして、奇襲技を用いているに過ぎません。技をかける側の選手も、そのことをしっかり理解し、残り時間が少ない状況で、いかに捨て身技で相手を投げるか、ということを考えながら練習する必要があります。

密着しようとして、相手が離れようとする瞬間に肩車を狙う

1 前項の隅返し同様、引手で相手の釣手を持つ

2 引手で相手の釣手を引きながら密着を試みる

3 相手が密着を嫌い、離れようとする

4 その瞬間に釣手側の脇の下に体を潜り込ませる

5 潜り込みながら肩車をしかける

6 自分の背中に相手の体を密着させる

7 相手の体を背中に乗せながらコントロールする

8 引手と釣手を離さないよう注意する

9 投げるまでの極めを大切にする

10 しっかりと極める

リードされた場面4
ケンカ四つでの奇襲攻撃（一本背負投）

ここではケンカ四つの相手に対し、奇襲攻撃として一本背負投をしかける場面を切り取って練習します。試合の残り時間が少なく、ポイントでも負けている状況であることを考えると、タイミングよりも捨て身攻撃の部分が大きいので、割り切って思い切り飛び込むことが重要です。先に紹介した、隅返、肩車と組み合わせながら、自分のレパートリーを増やしましょう。

捨て身技と割り切り、飛び込んで一本背負投をしかける

1 ケンカ四つで釣手を上から持ち、押し込みながら相手に圧力を加える

2 相手が押し返す反発を利用する

3 相手を前方に引き出す

4 相手の股下に潜り込み、一本背負投をしかける

5 自分の背中と相手の胸を密着させる

6 挟んでいる手で、しっかりと相手の脇を挟み込む

7 体が離れないように注意する

8 投げる瞬間の極めを大切にする

9 しっかりと相手を投げきる

10 投げたあと、寝技に移行させる

第5章 シチュエーションメソッド 試合場所・展開別の場面を切り取る

リードされた場面5
相四つでの奇襲攻撃（大内刈）

　ここでは相四つの相手に対し、奇襲攻撃として大内刈をしかける場面を切り取って練習します。大内刈といっても奇襲攻撃ですので、通常時の入り方ではなく、より密着できるよう釣手を相手の腰に回し、引手でも相手の横腹付近を取り、引き付けて相手の体勢を伸ばして技をかけることを意識しておきます。

　なお、第4章で解説した立技からの移行に『胸合わせ』がありましたが、相手を大内刈で倒せたとき、一本になるような投げ方でなかった場合は、そのまま寝技で抑え込むまで進める切り取り方をしてもいいかもしれません。ここではあくまで、倒すまでを解説していきます。

相手の腰に釣手を回し、引き付けて大内刈で倒す

引手で相手の帯を持つ

引手を引きながら密着を試みる

釣手は相手の脇の下から背中に回す

引手と釣手を使って密着を試みる

5 沈み込みながら大内刈をしかける

6 胸と胸を合わせながら、体が離れないようにする

7 相手をしっかりと刈り倒す

8 投げる直前まで相手との目線を離さない

9 しっかりと投げきる

10 投げたあとの寝技への移行も考えておく

リードされた場面6
相四つでの奇襲攻撃（小内巻込）

　ここでは相四つの相手に対し、奇襲攻撃として小内巻込をしかける場面を切り取って練習します。小内巻込は目線の高低差を利用した奇襲技のひとつで、相手の目線を高い位置に持ってこさせ、背負投や払腰などを警戒させながら、瞬時に自分の体を低く潜り込ませて投げます。この高低と前後の差を利用するのです。
　潜り込む直前のモーションで、高い背負投などを打っておくと、小内巻込がより効果的となります。

目線の高低差を利用した小内巻込で、低く潜り込んで投げる

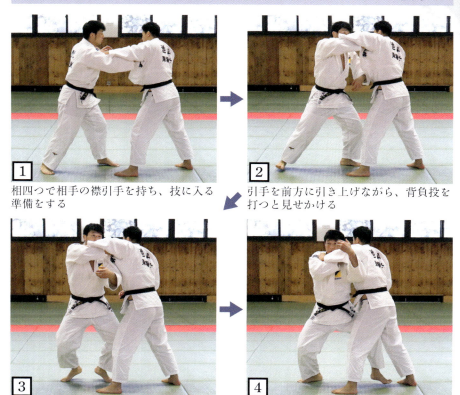

1　相四つで相手の襟引手を持ち、技に入る準備をする

2　引手を前方に引き上げながら、背負投を打つと見せかける

3　釣手で相手の脇を挟み込むようにする

4　直前まで背負投を打つように見せかける

5 潜り込みながら小内巻込に移行させる

6 刈足を相手の刈足に絡みつかせるようにする

7 刈足を刈った瞬間に相手と自分の体を密着させる

8 刈ったあとも相手をしっかり見ておく

9 技をしっかりと極める

10 投げたあとの寝技への移行も考えておく

リードされた場面7
相四つでの奇襲攻撃（帯取返）

　ここでは相四つの相手に対し、奇襲攻撃として帯取返をしかける場面を切り取って練習します。
　ここまで奇襲攻撃を紹介してきましたが、ポイントで負けている状態で残り時間が少なくなってきたときに打つ手がないと、どのような攻撃をすればいいのか分からず、無暗に相手に飛び込んでしまったりして、ますます勝利から遠ざかってしまいます。本書で再三触れましたが、打つ手（武器）を多く備えておけば、必ず役立つときが来ますので、ここで解説した技はもちろん、ひとつでも多くの武器を身につけられるよう練習しておきましょう。

相手を引き寄せ、肩越しに帯を取って帯取返を狙う

1 襟引手で相手を引き寄せる

2 相手を引き寄せながら肩越しに帯を持ちにいく

3 帯を持ってしっかりと自分の方に引き寄せる

4 引き寄せながら自分の左足を相手の股の間に入れ込む

5 体を後方に倒しながら帯取返をしかける

6 相手と体が離れないよう注意する

7 後方に回転しているとき、手が離れないように注意しておく

8 しっかりと極める

9 投げたあとも寝技への移行ができるようにしておく

10 寝技へ移行する

監修

上水研一朗

東海大学男子柔道部監督、同大学体育学部武道学科教授。1974年6月7日生まれ、熊本県出身。八代第三中学、東海大相模高校を経て東海大学に進学し、卒業後は同大大学院に進み、綜合警備保障株式会社に所属。現役時代は重量級選手として活躍した。現役引退後は、米国アイダホ州立大学へ留学、帰国後の2008年1月より、母校の男子柔道部監督に就任。就任1年目から2014年にかけて、同柔道部を全日本学生柔道優勝大会7連覇に導く。その他、中矢力、ベイカー茉秋、高藤直寿、羽賀龍之介、王子谷剛志、ウルフアロン、橋本壮市など、男女のオリンピアン、メダリストや世界王者、全日本選手権覇者を多数育て、卓越した指導力を発揮している。

撮影協力

中矢力

愛媛県新田高校から東海大学へ進学し、4年時の2011年にパリ世界柔道選手権73kg級金メダル。大学卒業後、ALSOKに入社。2012年のロンドン五輪73kg級で銀メダルを獲得。2014年チェリャビンスク世界柔道選手権で2度目の金メダルを獲得した。担ぎ技を主体とした立ち技と独自に編み出した変幻自在の寝技を得意とする、いぶし銀が持ち味な選手。

熊代佑輔

栃木県茂木高校から東海大学へ進学し、同大学全日本学生柔道優勝大会2～3連覇に貢献。大学卒業後、同大学院へ進学しALSOKに所属。講道館杯100kg級優勝2回、全日本選抜柔道体重別選手権大会100kg級優勝など、100kg級の実力者として名を馳せている。大柄な体型ながら左右の技を使いこなし、裏投など力強い技も武器にしている卓越した勝負勘を持った選手。

佐々木健友　橋本涼太　池田希

永縄太一　松本達也　小田竜誠

鈴木大達　石原武道　浅沼亮太

【STAFF】
企画編集　　冨沢 淳
ブックデザイン　株式会社フレア
撮影　　　　眞嶋和隆

世界レベルの選手を多数輩出する指導者が教える
試合運びを劇的に変える考え方と技術の身につけ方

東海大流　柔道勝利のメソッド

NDC　789

2019年8月12日　発　行

著　者　　上水研一朗
発　行　者　　小川雄一
発　行　所　　株式会社 誠文堂新光社
　　　　　〒113-0033　東京都文京区本郷 3-3-11
　　　　　［編集］　電話 03-5805-7285
　　　　　［販売］　電話 03-5800-5780
　　　　　http://www.seibundo-shinkosha.net/
印　刷　所　　広研印刷 株式会社
製　本　所　　和光堂 株式会社

© 2019, Kenichiro Agemizu.
Printed in Japan
検印省略

万一落丁、乱丁本の場合は、お取り替えいたします。本書掲載記事の無断転用を禁じます。また、本書に掲載された記事の著作権は著者に帰属します。これらを無断で使用し、展示・販売・レンタル・講習会等を行うことを禁じます。

本書のコピー、スキャン、デジタル化等の無断複製は、著作権法上での例外を除き、禁じられています。本書を代行業者等の第三者に依頼してスキャンやデジタル化することは、たとえ個人や家庭内での利用であっても、著作権法上認められません。

JCOPY　<（一社）出版者著作権管理機構 委託出版物>
本書を無断で複製複写（コピー）することは、著作権法上での例外を除き、禁じられています。本書をコピーされる場合は、そのつど事前に、（一社）出版者著作権管理機構（電話 03-5244-5088 / FAX 03-5244-5089 / e-mail:info@jcopy.or.jp）の許諾を得てください。

ISBN978-4-416-51941-7